"语文拓展课"丛书

语文有故事

yuwen you gushi

李国锋 著

2

山西出版传媒集团 山西教育出版社

语文里的故事，讲故事的老师

刘　伟

国锋老师让我给他的新作《语文有故事2》作序，我满口答应的同时，也很有压力。我一直觉得写序是很难的一件事情，无论是对作者的了解，还是对作品的解读，准确把握都不是一件容易的事。

国锋老师是我们学校的才子，作为一名语文教师，多年来他在教书之余笔耕不辍。这样的积累和功底，反映到语文教学上，已经不能简单地拿一个好的语文成绩去衡量了。在他的影响下，他的学生对语文课十分喜爱，在潜移默化中培养了良好的人文素养，这是我们大多数语文教师所不能比的。他在教学中游刃有余，典故引用信手拈来，具有深厚的语文学养、温雅的教学姿态，学生不喜欢都不行。

我认真阅读了《语文有故事2》中的所有文章，深感惊讶，也愈加觉得写好这篇序有点难。一方面，我深深佩服国锋作为一名语文教师深厚的学养。在中学做一名语文教师是很累的，日常的教学工作非常繁重，备课、上课、批改作业等诸如此类的工作十分烦琐。国锋老师在工作之余坚持读书写作，不断积累，总是有令人惊喜的作品推出。教书虽苦，写作虽累，但他乐在其中，让读书写作滋润着自己，也对教书起了极大的辅助作用。这对很多教师而言，无疑是很好的榜样。另一方面，我也惊讶于国锋老师在这浮躁喧嚣的世界里内心保有的那一份传统的学人情怀。我隐隐看到中国知识分子踽踽独行的背影，也看到国锋老师对中国士大夫精神深隐的情怀。国锋老师一路讲来，从课本内的人物讲到课本外的人物，从古文里的新知讲到课本外的拓展，为学生展开了一个丰富多彩的世界。我们看到国锋老师一会儿走进故事里与主人公同乐同悲，一会儿又跳出故事对历史人物和事件展开理性的分析，情感细腻，文笔流畅。

作为同事，我在想，国锋老师作为一名语文老师，写作本身对他到底意味着什么？以我的了解，首先是一种个体的表达。国锋老师刚来附中时，我和他初有接触，他那时年轻，书生气颇重。在山西大学附中当了十几年老师，这种书生气不但没有减弱，倒更加明显了。我不知道这对他而言是幸还是不幸，也不知道这样的评价是准确还是错误。我在读他的作品时，似乎总能看到他的影子。国锋在《语文有故事2》中第一部分对人物的选择，从司马迁到陶渊明，从苏轼到李煜，中国文人身上的一些东西，从历史上一路沉淀而来，直接折射到国锋老师身上，穿透他的灵魂，激发他的共鸣，让他在共情中和历史人物一起悲悲喜喜。我们在他的作品中看到了历史人物的命运多舛，这些个体在时代的大浪中左右摇摆，努力挣扎。和西方的知识分子相比，中国历史上的士大夫似乎总是理想主义有余，现实主义不足，因此，理想和现实总是充满了矛盾。理想和现实不停地碰撞，最后不管结果如何，我们总是看到中国文人那累累的伤痕。我不知道国锋内心是否保留有深厚的理想主义情怀，也不知道他是否也是在理想和现实不断碰撞中苦苦挣扎。但是，我深感这可能是我们大多数人的人生常态。只要你还是一个对人生和现实有思考的人，只要你内心中依然抱有忧国忧民的知识分子情怀，只要你依然有理想、有抱负，只要你仍对生命有深深的眷恋和感悟，你就会不断地追求，也会在追求中不断地和现实对话与碰撞。生命正如海德格尔所讲的，我们作为“此在”，“烦”“畏”“死”构成我们生存的基本常态，每个人都在“向死而生”，每个人也都在追求“诗意地栖居”。历史的言说也是现实的言说，我们通过历史人物讲他们的故事，但实际也是在讲述我们的人生。国锋老师讲语文，讲语文里的故事，一不小心，也就触动了自己。当我们翻动历史书页的同时，去追寻历史人物命运的同时，极可能发现历史其实没有走远，我们一直就在历史之中。

语文里有故事，故事里有历史，历史里有我们。讲故事的人是好的语文教师，但每个人的人生，讲好都是不容易的。但愿国锋一直把故事讲下去，让那些历史重新焕发出光芒，让人性重新变得温润。做一名讲故事的语文老师，其实也挺有故事的。

与其说这是一篇序，倒不如说是一篇感悟。这样的感悟源自国锋的作品和国锋本人，在此要谢谢国锋。

（作者系山西大学附属中学校长、哲学博士、中学高级教师、第十届国家督学、中国教育学会高中专委会理事、中国教育发展战略学会高中专委会理事）

知识广度和思维深度兼具
文化底蕴和人文精神并重

任彦钧

国锋是一位温文尔雅、博古通今的才子型青年。我与他初见便觉投缘，有过几次来往即在内心引为忘年交，但我对其个性特质的深入了解，则始于研读他在个人公众号“国文锋语”发布的原创性人文小品——这些别具情怀和格调的文字曾吸粉无数，现在汇编成书，当然是殊堪嘉尚的美事。

作为一所百年大学堂附属中学的语文名师，国锋迥异于许多同龄人的是，他偏爱古典文学和传统文化，喜欢在三尺讲台带着学生低吟浅唱、含英咀华，并利用业余时间将自己的感悟和思索写下来分享给大家。回想清末民初，新学堂所设立的国文课，一直传授文言文；五四运动以后，小学才改为国语课，以传授白话文为主，中学的国文课也日渐增加了白话文的比重。因此，“国文锋语”钟情于“国文”，是与国锋的角色和心性完全吻合的；而他的这些人文小品，字里行间总是激射出智慧的光芒，以“锋语”名之，也可谓恰到好处。

翻开本书，我们可以发现一些历史人物的新面向，如幼时以礼器为玩具的孔子，临危受命的心理学高手烛之武，参透了政治却参不透命运的范蠡，步入“油腻中年男”阶段才开始豪情满怀打天下的刘邦……也可以探得一些经典篇章的小秘密，如《忆江南》的作者白居易晚年何以“最忆是杭州”，壮怀激烈的词客辛弃疾在《永遇乐》中为什么没有“把栏杆拍断”……在这些人文小品中，国锋不仅旁征博引了大量与所写内容相关的史料或论述，而且对这些历史人物和经典篇章进行了切中肯綮的剖析，知识广度和思维深度兼具，文化底蕴和人文精神并重，可以给我们多元的启示和多重的享受。

以《李煜的生命悲剧》为例：该文从“悲剧”的定义入手，分析了李后主命运悲剧的必然性及其背后的主体意识。李煜是历史上有名的亡国之君，亦是文学史上不可不书的一笔。故而文中细细梳理了李煜生平经历中的重要节点，分析其个性禀赋和心理动因，并佐以李后主本人的大量作品加以印证，君王李煜与诗人李煜的有机结合，彰显了其独特的思想价值。行文中嵌入丰富的史料实据，信手拈来，自然流畅。除了欧阳修《新五代史》中的记载，还补充了宋人王铚《默记》、清人吴任臣《十国春秋》等书中的内容，让一个敏感深情、内心痛苦的李煜从历史中缓步徐吟而来。

除此以外，国锋精辟深邃的点评，也是一大看点。其风格或睿智、或深情、或幽默、或讽刺，在自己的人生体悟之外，适时融入中外哲学家对悲剧美学的理性思考：叔本华、歌德、费尔巴哈、贺麟……更有席勒的文艺理论，钟嵘的文学批评。这些引用并不为“掉书袋”，而是对李煜充满诗意与悲情的一生，恰到好处地加以点评与升华，如羚羊挂角，不着痕迹。久历世事的人读来会击节共鸣；中学生读来也不会觉得佶屈聱牙，晦涩难懂。

而要达到这种纵横捭阖、挥洒自如的境界，首先必须下苦功博览古今中外经典，以增进才学；其次还必须建构批判性思维和创新性思维模式，以提升识见。有才学却没识见，容易陷入迂腐；有识见却没才学，容易流于轻狂。

有才学也有识见的国锋，能自觉以传统文化传承和弘扬为使命，并创作了一系列注重传统文化创造性转化、创新性发展的人文小品，从而既赢得了一届又一届学子的钦敬，又赢得了越来越多粉丝的青睐。他依旧年轻，假以时日，必成大器，对此我有足够的信心！

是为序。

（作者系语文报社总编辑、编审，中国教育学会中学语文教学专业委员会语文名师教研中心主任）

目　录

【课本中的作者】

司马迁的志向 / 2

陶渊明人生的关键词 / 7

李煜的生命悲剧 / 20

苏轼“坐听荒城长短更” / 39

【课本外的人物】

芦中人和渔丈人 / 44

“油腻中年”，应该好好学一学刘邦 / 48

大时代里的抉择 / 51

他播下的是龙种 / 55

江东来的战斗“机” / 60

可以慰风尘 / 64

愈堕落愈快乐 / 68

狂飙为我从天落 / 71

麟儿·黄宗羲 / 74

一纸白卷，千里流徙 / 80
辞官与登山 / 86
杠抛心力做英雄 / 92
一管笔 / 95
英雄的愤恨 / 100

【古文里的新知】

从“楚王伐陈”说开去 / 106
他是如何树立权威的 / 109
申鸣的选择 / 114
智伯的“舍不得” / 118
苏秦是如何破局的 / 121
孔融的伏笔 / 125
蔡文姬是如何说服曹操的 / 129
汾州刺史的谎言 / 133
魏徵这次没有看走眼 / 136
陈子昂的炒作术 / 138
哇，为什么我之前就没有想到 / 142
“揪龙鳞”的下场 / 146

【课堂上的拓展】

从“守孝三年”看孔子说理的方式 / 150

刘备为什么说“如鱼得水” / 153

他立下不世之功，又如何 / 158

“不教胡马度阴山”的代价 / 162

李白的“失言” / 165

杜甫在岳阳楼上哭什么 / 170

“四海无闲田”，为什么农夫反而还会饿死 / 174

“杨柳色”为什么能把少妇的悔恨诱发出来 / 178

牡丹花开动京城仅仅是因为国色天香吗 / 182

白居易为什么抛不下杭州 / 186

夜凉如水，她为什么还“卧看牵牛织女星” / 190

《水龙吟》里辛弃疾为什么没“把栏杆拍断” / 194

《永遇乐》中“四十三年”的含义是什么 / 198

周树人为什么给自己起名“鲁迅” / 201

日常生活的英雄 / 205

林冲为什么没有顺手杀陆谦 / 207

伽利略的妥协 / 209

今天，我们还应该向雷锋学什么 / 212

奋进，礼赞高贵的头颅 / 217

后记

青春少年是样样红，你是主人翁 / 222

课本中的作者

司马迁的志向

10岁的司马迁，还是个放牛娃，在家乡韩城，远眺是龙门山，不知道起伏的峰峦有没有遮挡他的视线；俯瞰是黄河水，不知道汹涌的浪涛有没有溅湿他的裤脚。那年月，还没有所谓的阶层固化，同龄的伙伴要么也在放牛，要么连牛都没得放。跟后来的莫言相比，司马迁至少不必羡慕他们在学校读书，而自己内心充满悲凉。

不过，少年的孤独总是有的。放牛时，莫言会朝着一棵树吐露心声，会模仿鸟语跟飞鸟对话，会幻想狐狸变成美女来陪伴他。不知道司马迁当时会想些什么。他的父亲曾从师唐都学习天文，从师杨何学习《易经》，从师黄子学习道家理论，如今掌天官，整理研究天文。他横在牛背上，仰望蓝天白云时，心底必然会多生一分憧憬，憧憬这一生能像天空那样辽阔高远。

当然，憧憬只是构思在心底的一幅草图，要把草图变成现实，就需要切实的行动。放牛的生活并没有限制司马迁的视野，辽阔高远的天空下，我们听到了他琅琅的读书声。他读的是先秦六国传下来的文字，这些经典中活生生的内容，是一个民族形成期的“胎教”。这些文字拓宽了他的眼界，丰富了他的学养，使得他日后凭借凌云之笔，为古人立传时，诸子之言，信手拈来。你看，他写晏婴“伏庄公尸哭之，成礼然后去”，紧接着便引用《论语》“见义不为，无勇也”来对其加以赞赏；他写酷吏，开头不是“孔子曰”就是“老子曰”，让人不得不佩服他的底蕴是何其深厚；他写游侠，开篇儒侠并论，用韩非子的名言“儒以文乱法，而侠以武犯禁”来提升侠的地位。如果没有当初的苦读，又怎能奏响一曲传诵千秋的史家绝唱！

汉代的东方朔“年十三学书，三冬文史足用”，而司马迁比东方朔更用功，苦读十年，一直到20岁，才开始第一次远游，“南游江、淮，上会稽，探禹穴，窥九嶷，浮于沅、湘”。从长江中游往北走，到了黄河下游，在人文荟萃的齐鲁之都，跟儒者讨

论学问，“观孔子之遗风”，最后“过梁、楚以归”，让青春的生命得以在山水画卷中展开，让自我与这个蒸蒸日上的时代发生关联，让来自书本的知识与人生的阅历互相印证。

在游遍大半个中国之后，司马迁当上了皇帝的侍从官，奉命出使，沿长江往源头方向走，到四川、云南一带，兜了个大圈子。他就像云雀，乘着灵风，踏着彩云，向长空飞去，把听来的故事、悟到的感想融合直观的印象，一点一滴地汇聚脑海。

这是司马迁人生当中最为意气峥嵘的时候，李白在这个时候，“渡远荆门外，来从楚国游”，杜甫在这个时候，“放荡齐赵间，裘马颇清狂”。他们都遇到了一个所谓的盛世，但接下来的人生并没有如他们所愿。

元封元年（前110年），汉武帝泰山封禅，祭告天地。在司马迁的父亲看来，这是自虞夏之后，差不多千年才有的一次盛典。不知道什么原因，职掌天官的他，竟然没能参与。出身巫史世家的他，体验到一股深深的挫败感，以至于“发愤且卒”。临终的时候，正赶上司马迁从四川一带返回，他哭着嘱托儿子不要忘了继承父业，并且用“大孝”激励儿子，要他扬名于后世，以显父母，用“悉论先人所次旧闻，弗敢阙”要求儿子。相信，他临终前的每一个细节都成为司马迁生命的支点，而司马迁也在俯首流涕中，把父亲的志向变成了自己的志向，同时也接通了家族先辈精神的血脉，“究天人之际，通古今之变，成一家之言”。

这一目标与志向，聚集起惊人的力量，让司马迁在受宫刑之后，“隐忍苟活，幽于粪土之中而不辞者，恨私心有所不尽，鄙陋没世，而文采不表于后世也”，调动生命的全部潜能，凭借非凡的毅力召唤更为复杂的心智来理解生活，把苦难转化为创作的动力。

在陋室之中，他时而仰叹，时而低回；时而捶胸，时而顿足。他知道自己正在开创一项前无古人的伟业，每一笔的书写都是心灵的歌唱。他就像一名水手，紧紧地握着鼓满风帆的缆索，任凭海风吹拂，感觉船只破浪前行。这时，帆、船、风、海，在水手的血管中产生了一种和谐的共鸣。这种体验，让他沉浸在自己的世界。在这个世界中，司马迁赞扬伍子胥“弃小义，雪大耻，名垂于后世”；嘲讽汉高祖小人得志“吾乃今日知为皇帝之贵”；彰显李广在死亡边缘演绎神勇的气概；展示荆轲临危不惧、宁死不屈的豪气。我们听到李斯的悲叹，“欲牵黄犬，出上蔡东门逐狡兔，其可得乎”；听到项羽的不甘，“此天之亡我，非战之罪也”；听到灌夫的坐骂，“生平毁程不识不直一钱”。他把历史的撰述从一个狭小的天地引向了广阔的世界，他首创纪传体，贯通古今，以帝王将相为中心的同时，也不忘为侠客、医仆、商贾、渔夫、猎户等下层人物作传。

司马迁说自己“肠一日而九回，居则忽忽若有所亡，出则不知其所往”，在这样的至暗时刻，我想他必定不止一次听到过父亲临终的哭泣。民国初年，高僧虚云禅师，三步一跪去朝拜圣山，结果咯血，咯得断了肠。夜晚，他就躺在旅舍的床上等死。

忽然听到，茶房不慎把碗摔落在地。这一声脆响，要比哭泣铿然，更能入耳，不啻天籁，刹那间让躺在床上的虚云忘却形骸。

生活在表层世界的我们，无论听多少遍这样的声音，都注定无感。我们不妨慢慢地踱进司马迁经营的文字世界，站在晦明莫测的历史的门口，我们或许可以听到那江流浩荡奔涌。

陶渊明人生的关键词

一、名字

陶渊明是名门之后，其曾祖父陶侃，乃东晋开国元勋，位极人臣，珍奇宝货富于天府。可惜富不过三代，陶渊明只能叹自己福薄了。如果非要说祖上给他留下点什么的话，那就只有一笔叫“苦难”的财富。

中国人起名多讲究来处，寓意深刻，彰显文化底蕴。魏晋时期，玄学盛行，起名要高雅，喜欢以“之”命名，如书法家王羲之，画家顾恺之，科学家祖冲之。而陶渊明的父亲虽名不见经传，但还是颇有学养的。鉴于家族没落，时局动荡，他由《诗经》中的一句诗“鱼在于渚，或潜在渊”想到儿子，希望他能像深渊之鱼那样，在乱世保全自我，好让陶家香火不断。于是，给儿子起名潜，字渊明。他做梦也没有想到自己创造的“渊明”，会反复出现在后世文人的诗词里。

有了父爱的呵护，陶渊明逃过了7岁那年江南大旱所带来的饥荒，而父亲却撇下他们永远地走了。这使他们原本就拮据的生活变得更艰难。陶渊明开始下地，干起农活。不过他在这方面的悟性似乎不高，以至于几十年后，还只停留在“草盛豆苗稀”的水平上。

失去父亲，虽然日子过得清苦，但精神却很自由。陶渊明没有同胞兄弟，从小就很孤单，与诗书为伴，青山绿水蓝天白云，感动着他的心灵。农闲时，一张古琴迎门而置，悠扬的琴音和着林叶与风的私语，还有春鸟的欢啼。有琴心亦有剑胆。唐代李白曾在暗夜里抚剑长啸，“雄心日千里”，而贾岛则十年磨一剑。相比较，陶渊明也不逊色，相信在他家乡庐山的瀑布下，我们一定可以抓拍到他练剑的英姿。虽然没有“七剑”里天瀑剑法那么灵巧迅捷，但侠骨一定少不了。“远方也许尽是坎坷路，也许要孤孤单单走一程，但有豪情壮志在我胸”，当时陶渊明真的曾“抚剑独行游”，想来那只是少年意气而已。

二、闲情

毛利人的少年必须经受住三名成年男子的挑战，秘鲁的少年必须跳过一座悬崖，墨西哥的少年必须负巨石泅渡海峡，以证明他们成年。而陶渊明的成年礼则是在战争阴云的笼罩下完成的，他必定不止一次在心底默念曹植的名句“捐躯赴国难，视死忽如归”。

383年8月，前秦苻坚发兵87万南下，投鞭断流，那绝对是“黑云压城城欲摧”。东晋宰相谢安一战成名，史书上却不见他排兵布阵的计策，只记得捷报传来，他对下围棋的客人说了句“小儿辈遂破贼”，神情淡定，那口气就跟今天我们看乒乓球比赛中国赢了一样。其实他内心何尝不捏着一把汗，何尝不欣喜若狂，以至跨门槛时踩断木屐的后跟都没有发觉。天佑东晋，谢氏一门四公，激励着陶渊明渴望像他们那样澄清天下，为先祖争口气。

海阔任驰骋，天高任飞翔，但是在那个朱门对朱门、竹门对竹门的时代，陶渊明纵然豪情似火，也冲不破门第的限制。金色的梦很快就在窘迫生活的磨砺下，化作一声叹息。

18岁是雨季，青春的懵懂，带来了爱与哀愁。对陶渊明来说，那是一次荡气回肠的恋情。“愿在衣而为领，承华首之余芳；悲罗襟之宵离，怨秋夜之未央。愿在裳而为带，束窈窕之纤身；嗟温凉之异气，或脱故而服新。愿在发而为泽，刷玄鬓于颓肩；悲佳人之屡沐，从白水而枯煎。愿在眉而为黛，随瞻视以闲扬；悲脂粉之尚鲜，或取毁于华妆。”这大胆泼辣的告白即便是在今天人们也羞于启齿。恐怕只有在民歌里才能找到类似的表达——“我愿做一只小羊，跟在她身旁；我愿她拿着细细的皮鞭，不断轻轻打在我身上”，但这都远远不

如陶渊明写得生动细腻、率真自然。

中国人在情感的倾诉上，向来喜欢含蓄，心里怪你，不直接说，偏要说“花红易衰似郎意，流水无限似侬愁”；明明是自己相思却要借“红豆”来说事，“红豆生南国，春来发几枝。愿君多采撷，此物最相思”。20世纪七八十年代，男的向女的求婚，憨厚地说一句“我愿意给你挑一辈子水”，而女的如果愿意则不置可否，或低头浅浅一笑，或来一句“你真傻”。现代社会传情达意越来越简捷，大拇指互动就可以了，而在古代写情书是很庄严的，非要“云笔”和“天样纸”才行。像这样敢将俗世儿女情长赤裸裸倾吐于笔端的，陶渊明也算是异数了。

但陶家毕竟没落了，没有宝马雕车，没有深宅大院，“没有梧桐树，难招来金凤凰”。失恋的伤痕没有人能够藏得住，陶渊明自然也不例外，寂寞占据了每个夜晚，一闭上眼睛就是天黑。

三、入仕

生命如流水，失恋不过是一处行程而已。惊天动地寻死觅活，只会灼痛自己，伤害别人，同时也毁坏了因朦胧而生的美意。当陶渊明最渴望与之携手的人另有良人时，他也早就扛上了沉沉的责任。

“贫贱夫妻百事哀”，这让陶渊明更加感受到生活的严峻，懂得了生命的重量。27岁有了第一个儿子，29岁有了第二个儿子，“亲老家贫”，他只好在叔叔的举荐下到江州担任祭酒。古代祭神时举酒洒地的尊者或老人被称为祭酒，后来成为主管教育的学官。当时国学所收的学生都是公卿子弟，学习不过是为升官镀金。他们大多顽劣，有人甚至曾经“因风放火，焚房百余间”。

陶渊明所担任的祭酒，虽无实权但职位较高，出门还有专车。不过他向来不喜欢官场的繁文缛节，再加上顶头上司是王羲之的次子王凝之，这个金粉大少爷既没有本事又迷信邪教，少不了对他呼来喝去，结果使陶渊明“不堪吏职”撂挑子回家了。

没过多久，州里又征召陶渊明担任主簿，这是个地位高有实权的官职，比祭酒强多了，但还是被回绝了。“弄儿床前戏，看妇机中织”的平常日子，远比低头哈腰的官场生活有吸引力。乡野百姓的快乐全都蕴藏在“草草杯盘供笑语，昏昏灯火话平生”之中。

陶渊明30岁时，妻子又生了一对双胞胎，结果积劳成疾，撒手而去。他没有像唐代元稹那样一首接一首地写悼亡诗，在道德上美化自己。毕竟四个嗷嗷待哺的婴孩就够他手忙脚乱的了。就算是夜深躺下，那此起彼落的啼声也会把他写诗的情绪惊散。

于是，陶渊明决定续弦。这也怪不得他薄情寡义，形势比人强。此时，满腹经纶派上用场。当地有位隐士翟汤很欣赏陶渊明，答应将女儿许配给他。

翟氏出身诗书之家，知书达理，安贫守勤，对陶渊明体贴有加，更难得的是对前妻的儿子也视如己出。农忙时，夫妻二人一起耕田挑担。劳作的艰辛在脉脉温情中被化解得一干二净。

也许那时候天总是很蓝，可幸福的日子还是过得很快。一到秋收时节，官吏来征税，这一年下来就算白忙乎了。眼见孩子缺衣少食，母亲无法颐养天年，陶渊明就心如刀绞。“盛年不重来，一日难再晨。及时当勉励，岁月不待人。”自己已经30多岁，再这么蹉跎下去，真的就一事无成了。

四、奔波

396年，倒霉的孝武帝驾崩，只有35岁。他跟大多数皇帝一样，沉迷声色，成天搂着嫔妃欢饮不辍。深秋霜重，多喝几杯，醉了，便跟宠妃张贵人开玩笑说：“爱妃，你都快三十了，按常理到了该被废黜的时候，我更喜欢那些年轻貌美的妇人呵!”说完，便躺在软塌之上，醉入酣甜之乡。说者无心，听者有意。张贵人信以为真，妒意和恨意仿佛滔天巨浪拍打在她胸前，最后一咬牙，一跺脚，一狠心，指挥贴身婢女，搬来数床锦被，三下五除二，把睡梦中的孝武帝给活活捂死了。这个在位期间属下英杰曾取得十六国、南北朝期间南北战役中最大胜利的君王，竟因一句玩笑话被自己的宠妃活活闷死。这个玩笑开大了。相比之下，陶渊明得妻翟氏，真是他前世修来的福分!

政治棋局因皇帝的驾崩而需要重新布置，新旧势力需要重新洗牌。这时，桓玄在荆州、江州一带，招揽人才。陶渊明便借此机会，到桓玄的幕府做了一个下级官吏。很快，他便接受了一次出使京城的差事。当时东晋已陷入乱局，贼人孙恩借“五斗米道”，鼓动乱民，兴风作浪已一年有余。就在陶渊明进京途中，孙恩带兵出浃口，入余姚，破上虞，一下子就打到山阴以北30多里的地方。而在会稽坐镇的是谢安的儿子谢琰，他根本不把孙恩放在心上，天天诗酒狂欢。淝水之战，这位美男子曾亲自率八千精兵，以辅国将军的身份冲锋陷阵，与堂兄谢玄并肩作战，轻取大功，被封为望蔡公。但是，到任会稽后，却无绥抚之能，不修武备。府中将帅纷纷劝谏，要他提防孙恩。谢琰不听，大言道："苻坚百万，尚送死淮南。孙恩残贼遁海，何敢再来。其能果真再来，正是天杀国贼，令其速死！"谢琰的轻敌换来的是孙恩军队的迅速推进。一天谢琰正吃午饭，听说贼军来袭，推食而起，大言道："先灭此寇而后食也！"于是，这位谢公子跨马而出，挥兵赴敌，冲锋陷阵，一时间还真杀了不少贼兵。但由于士兵在河塘之间窄路行军，鱼贯而前，这样一来，正好被两边的孙恩水军当作肉靶，晋军接连应弦倒毙，一片狼藉。混乱之下，谢琰指挥不利，晋军大败。逃跑途中，崇信"五斗米道"的邪教信徒、谢琰帐下都督张猛露出狰狞面目，从背后袭击谢琰，杀掉了这位美男子将军及其两个儿子。好运不会再至。

陶渊明一路栉风沐雨，跌跌撞撞，总算到了京城，完成任务，顺长江回荆州复命时，途经浔阳，顺便回了趟家。想到外面世界的厮杀，以及做幕僚的奔波，他不禁又念起田园的好来。这让他多少有些茫然，何去何从，在寻觅中心也倦了。

401年的冬天，刚下过一场雪。陶渊明接到了母亲去世的噩耗。他满怀悲情地向上司禀明情况，回家守丧去了。

五、归隐

黑纱、白幛、黄纸钱，送走了逝者；哀乐、痛苦声还没有完全散去，“亲戚或余悲，他人亦已歌。死去何所道？托体同山阿”。哀悼与其说是面向死者，不如说是面向生者。它通过对死亡悲剧性的反复渲染来警示活着的人：千万要善待自己的生命啊！陶渊明似乎早就意识到这一点，所以他很快便从丧母的悲痛中缓解过来。

403年，春耕过后，迎来初夏的清闲，陶渊明喜欢在柳荫下纳凉，南风吹来，撩动着他的衣衫。读读书，弹弹琴，喝上几口春秫酿的酒。稚子在一旁嬉闹，“学语未成音”。这人间的清欢，最值得回味。

只可惜没有过多久，从小白痴的晋安帝被桓玄贬为平固王，被赶到浔阳。时局的变化打破了陶渊明闲静的生活。陶侃的勋业一度超过王导，并成为谢安的偶像。尼采说，一个歌德使千万个德国青年黯然失色。面对这样的先祖，陶渊明的自卑与优越感常常纠缠在一起。他只能通过不断出仕来平衡自己。这次晋安帝落难到了他的家乡，陶渊明不可能再安守田园。他积极奔走，为兴复晋室竭尽全力。遗憾的是，陶渊明总是识人不明，做桓玄幕僚在先，当刘裕参军在后，结果这两个上司都是篡晋的野心家。

陶渊明自幼就体弱多病，承受不了旅宦的颠沛之苦，再加上世道不好，于是他又打算辞官；但考虑到生计问题，只好硬着头皮暂时做个地方官，“聊欲弦歌，以为三径之资”。好在他叔叔已官居太常卿，能帮上忙。就这样，陶渊明被安排到离家百里的彭泽当县令去了。

当县令有公田三百亩，陶渊明本打算全种上黏稻来酿酒，后来在妻子的坚持下，才分出五十亩来种稻。然而皇家饭好吃不好消化。唐代高适就曾发牢骚说：“拜迎官长心欲碎，鞭挞黎庶令人悲。”就在陶渊明当父母官80多天的时候，他先前所种的稻还没有收获，就赶上郡里督邮来视察。凡是上级派下来巡查的，大多都有官威，不是喜欢讲排场，就是喜欢索要好处。当年刘备做县尉时，就嫌督邮摆架子而把人家捆起来，打了二百军棍。

这次督邮来，按规定陶渊明要穿戴整齐的官服带领属下去迎接，但他向来讨厌官场礼节，再加上同父异母的妹妹刚过世，哪有什么闲情去伺候官老爷，于是愤愤地说了句：“我岂能为五斗米，折腰向乡里小儿！”只是一句感叹的话而已，陶渊明自己都想不到它能流传久远，甚至连傲视一切的李白都要在诗句里引用来明志——“安能摧眉折腰事权贵，使我不得开心颜”。

陶渊明说到底是个富有诗人气质的人，在受到外界刺激时，作出的心灵反应、行为反应的强度大，感情变化的频率高、幅度大、持续性弱、变易性强，行为范式与心灵范式较少被理性制约而往往直接受感情控制，待人处世少韬略城府而惯于坦率质直。这种人当然不适合做官。明代的海瑞，37岁中举，41岁才分配到福建做教谕，相当于县教委主任，正八品小官，比陶渊明还低一级。有一次，他的直接领导、延平府视学来视察工作，在县学官署接见学官。海瑞的两名副手进入大厅，一见视学，就一左一右急趋上前，叩头拜见。海瑞夹在二人中间，站而不跪，只拱了拱手。视学先是惊讶，继而羞怒，冷笑一声，对两旁随从说："哟，你们看这三个人，倒是个山字笔架!"两跪夹一站，可不是活脱脱一副山字笔架的模样。视学觉得海瑞有意轻慢自己，拂袖而去。海瑞认为视学缺乏正气，不严格遵守规定。开国之时，国家就规定学官在学校见上官，拜而不跪，以体现师道尊严。百年之后，世风日坏，学官们为了讨好上级，无所不为，跪迎上官早已相习成风。所以，海瑞的这一站就站得惊世骇俗。一下子，"海笔架"的名声在官场上就传开了。海瑞跟陶渊明一样是不折腰，但他把不折腰落到了实处，还因此获得意外升迁。陶渊明面子薄，自然不会跟上司硬来，只能是挂冠而去。

六、安顿

有人漏夜赶考场，有人风雪归故里。在黑暗而混乱的时代，"归故里"这种选择，正代表着一种在异化现实中追求自由解放的力量，它以出世和退避的形式表现出来。正是因为有了这样一种"纯棉裹铁"的力量，使得中国统治者试图将天下读书人网罗的野心永远只能是痴心妄想。

陶渊明回归田园山林，绝不是一时冲动，而是一种生存状态的选择，一种心灵渴望的结果，像一尾鱼游入一泓清潭。"悟已往之不谏，知来者之可追。实迷途其未远，觉今是而昨非。"他的选择是对官场感到绝望后，以绝对的手段，在自然的怀抱中求得新生。于是他成了一个地地道道的农民，自食其力，“晨兴理荒秽，戴月荷锄归”；见了老农也是“相见无杂言，但道桑麻长”。

后世有很多文人也吟唱田园，抒写田园，但只是为了寄托仕途蹭蹬、壮志难酬而已。田园再秀美，大地再丰腴，他们也不会真心去观察和享受。更多的时候，他们可能都在竖起耳朵谛听来自京城的马蹄声，是否能为他们传来复职或升迁的佳音。唐代的孟浩然“风流天下闻”，他在鹿门山隐居到40岁，见朝廷还不来征召，就失去耐心，不甘再与山水渔樵为伍，更不想老死于茅舍之中，索性打点行装，前往长安寻找机会。而陶渊明却是真正把自己与田园紧紧相连，去捕捉那个世界里一切细微的变化，“木欣欣以向荣，泉涓涓而始流”。

“榆柳荫后檐，桃李罗堂前。”家，还是那样平淡，那样温暖，轻烟袅袅从墟里升起，鸡鸣、狗吠都充满诗意。一场场风雨过后，是清晨的鸟鸣和一树树的花开。就这样，陶渊明度过了他后半生中最愉快的一年。

人们常说：“人生如戏。”实际上人生比戏更复杂，更莫测，更具有偶然性。如此说法相信陶渊明一定会认同，然而在这认同背后，自有他一番难言的苦涩。

408年，六月的一天，骄阳似火。陶渊明的八九间草屋在一场突如其来的大火中化为灰烬。“迢迢新秋夕，亭亭月将圆”，一家人却只能躲到船上去避风雨。陶渊明一面耕作，一面重建家园，这场意外丝毫没有改变他隐居的念头。

七、余年

田园之外的争权夺利，陶渊明眼不见心不烦。偶有闲暇，就跟道士陆修敬去庐山拜会高僧慧远。慧远是山西娄烦人，从小就博通六艺，对老、庄尤为精通。三个老男人常常围坐在一起，风声、钟声、松声，以及缥缈的梵音，一一都成了他们谈玄论道的背景音乐。慧远历来送客不过门前虎溪，有一次言谈忘情，竟送过虎溪数百步，结果后山的老虎看得不习惯了，就吼叫起来。三个人会意而笑。后来，有人根据这个情景作了《三笑图》，苏东坡还有诗赞之。

斗转星移，一个又一个黎明变成黑沉沉的夜色。陶渊明老了，随皮囊一起老去的，还有那旧日的时光。在50岁那年，陶渊明大病一场，他担心抗不住了，把五个儿子唤到床边，用笔墨颤抖地写下《与子俨等疏》。他说："夫天地赋命，有生必有终，自古贤圣谁能独免?"儿子们自幼跟他受苦，为此，他表示了深深的愧疚。

儿子们为父亲的愧疚和教诲所感动，悲痛之余，决心要尽全力给他治病。也许真的是孝感天地，陶渊明在儿子们的悉心照料下，竟奇迹般地活了下来，同时也欠下很多外债。他开始通过教授学生，讲习诗文来补贴家用，当然这只是杯水车薪而已。

日子依然过得很苦，"夏日抱长饥，寒冬无被眠。造夕思鸡鸣，及晨愿乌迁"。有无数个寒夜，他醒来，怔怔然坐着，看到妻子在梦里冻得瑟瑟发抖，他心底的千头万绪一定会纠缠在一起。在冷冷的月光下，他越发感觉到只有泪水才是温热的。“布衾多年冷似铁，骄儿恶卧踏里裂。床头屋漏无干处，雨脚如麻未断绝。”若干年后，杜甫的境况似乎比陶渊明还要差。

426年，改朝换代已经六载。江州大旱，又遇蝗灾。陶渊明一家陈粮吃完，眼瞅着就要断炊了。新任刺史檀道济来拜望他，送来米肉，但被拒收。檀道济是南朝名将，他在世之日，北魏不敢有饮马长江之志。后来，他因功高震主被枉杀。魏军趁机南侵，兵临瓜步（今江苏六合东南），宋文帝登石头城北望，甚有忧色，叹道：“若道济在，岂至此！”

427年，霜霾还不及降临，陶渊明便带着铮铮傲骨，带着忧世忧民之心，在贫病艰危中死去。他在世的最后一年，是生活最困难，也是精神最痛苦的一年。

陶渊明一生的舞台不在官场，而在田园山林。那个世界里，有菊花，有松柏，有榆柳，有南山；他在其中，可以呼啸悲欢，可以“饮少辄醉”，可以清贫如水，可以优游自在。他在其中的吟唱，别有一种刚猛与深情。

李煜的生命悲剧

悲剧是人生中可怕的事物，是人的苦难和死亡，它将人生有价值的东西毁灭给人看。后主李煜悲剧的造成不是由于罪恶，而是由于他性格上的弱点和行动上的过失，以及不可抗拒的命运。他饱尝苦难，历经忧患，短短42年的生涯因人生的重压、生存的威胁、自由的丧失、精神的流浪而被染上浓重的悲剧色彩。从天子到囚徒，极盛之荣与绝悲之辱的巨大反差，使之无所归依。他追求安宁与自由、护卫江山与社稷的合理诉求，以及在实践中所体现的纯真天性，都因历史条件的限制而终被压制和毁灭。其悲剧的本质是由历史必然的要求与这个要求实际上不可能实现之间的悲剧的冲突所决定的。

在这鲜明的悲剧心态背后，蜿蜒连接着一代词人身临惨境时艰难的步履和血泪斑驳的心路历程。现实的悲剧性使我们在审美愉悦中产生了深沉的痛感和心灵的震撼，同时也令后主产生了强烈的悲剧意识。悲剧意识是当悲剧主体（悲剧主人公）面对人类文化的种种困境时，所具有的自觉自为的主体忧患意识。它对人生的苦痛有自觉自为的体验与超越，敢于直面痛苦，乐于选择痛苦，善于超越痛苦，并从中获得自由和快感。悲剧意识既暴露了悲剧主体所处的困境，又使其凭借文学艺术这一载体从形式上和情感上对困境产生一种坚韧的承受力。

一、悲剧意识的根源

受苦是生命的实体，也是后主悲剧意识的根源。他一生都浸润于苦痛的最深处。叔本华说："人从来就是痛苦的，由于他的本质就是落在痛苦的手心里。"后主的痛苦分为生理、情感和智慧三个层次。

1. 生理的痛苦

后主的家族，因遗传的缘由，几乎一直都笼罩在疾病的阴影中。其祖李昪有五个儿子，平均年龄仅36岁。其父李璟有十个儿子，年寿最长的从善，活到48岁。后主有两个儿子，长子37岁而亡，次子4岁而夭，长孙亦早卒。

后主一生备受疾病的折磨，"病态如衰弱，厌厌向五年"。面对这与生俱来的无奈，他多次产生遁入空门的念头。"暂约彭涓安朽质，终期宗远问无生。谁能役役尘中累，贪合鱼龙构强名"，"夜鼎唯煎药，朝髭半染霜。前缘竟何似，谁与问空王？"瘦弱哀愁的后主问无生，问空王，欲在佛法中去寻求现世的解脱。然而他到底还是没有勇气斩断同世俗的万缕情丝，空王也早已不在人间。苦苦的问询，换来的仍是病痛的折磨和更加迷惘的心境。

羸弱的身体还导致后主未老先衰。这使他对衰老的痛苦体验十分强烈："鬓从今日添新白，菊是去年依旧黄"，"自从双鬓斑斑白，不学安仁却自惊"。尤其是亡国之后，在"一旦归为臣虏，沈腰潘鬓消磨"的预期中，在"满鬓清霜残雪思难任"的忧伤里，后主悲凉的生命意识变得越发浓郁。

此外，生理的痛苦还来自生活资料的匮乏。"太平兴国二年，煜自言其贫，诏增给月奉，仍赐钱三百万"，甚至连"内日给酒三石"也要皇帝恩准才行。昔日过惯豪奢生活的后主，如今竟沦落到靠乞怜求赏来维持生计的地步。要知道在一切需要中，生理需要是最优先的，一个缺乏食物、安全、爱和尊重的人，很可能对食物的渴望比别的东西更强烈。后主身处险境，只能借沉醉来忘祸，以忘祸的方式来避祸，"醉乡路稳宜频到，此外不堪行"，如此循环，愈饮愈烈，限量供应的酒，恐怕很难令他"尽兴"，更何况还有"兄弟四人三百口"。

2. 情感的痛苦

人死了，肉体从世间消失，但他对周围人的影响却并未随之而去。这种情感纽带在相当长的时间里仍将存续着，很难另找人来替代。情感的痛苦首先来自亲人的不幸亡故。在后主28岁那年，他最为疼爱的幼子仲宣，"一日戏佛像前，有大琉璃灯为猫触堕地，划然作声，仲宣因惊痫得疾，竟薨"。后主默坐饮泣，有《悼诗》云："永念难消释，孤怀痛自嗟。雨深秋寂寞，愁引病增加。咽绝风前思，昏濛眼上花。空王应念我，穷子正迷家。”骨肉亲情，莫过于父母亲子，丧子之痛最令人肠断心碎，何况还是稚子夭折，这就更使人憾其无辜，怆痛有加了。谁知事隔仅一月，大周后也染疾而殁。后主“悼痛伤悲，哽躄几绝者数四，将赴井，救之获免”。他在伤痛之余亲制诔，刻之石，其辞千余言，悲悼之情，无以复加，“吊孤影兮孰我哀？私自怜兮痛无极！呜呼哀哉！夜寤皆感兮何响不哀？穷求弟获兮此心隳催。号无声兮何续？神永逝兮长乖！呜呼哀哉！”爱子夭亡、美后哀逝，“未销心里恨，又失掌中身”，“前哀将后感，无泪可沾巾”。后主满腔的哀苦无人可诉、无法可解、无时可终，只好“沉沉无问处，千载谢东风”了。

在历代君王中，像后主这样对兄弟情真意切的并不多，但同时这也令他饱受了因手足离散而滋生的挂念之苦。其弟从镒出镇宣州时，他作诗曰：“君驰桧楫情何极，我凭阑干日向西。”更令他放心不下的，则是被大宋扣留的七弟从善。后主为此“每凭高北望而泣下沾襟，左右不敢仰视”，心头的“离恨恰如春草，更行更远还生”。有一年重阳临近之际，他凄戚满怀，回味当年兄弟共享钟磬诗骚之乐、豪饮遨游之欢的情景，而如今“空苍苍兮风凄凄，心踯躅兮泪涟洏。无一欢之可作，有万绪以缠悲”。

生老病死、聚散离合所带来的悲情，任谁也免不了，而后主情感上的痛苦远不止这些。他自小在精神生活上便遭到无端的迫害，只因自己少有奇表，“广颡丰颊骈齿，一目重瞳子”，而且“善词章，能书画。皆臻妙绝”，所以就被心胸狭窄、手段毒辣的长兄文献太子弘冀，视为项羽再世，看作未来争皇位的劲敌。在战战兢兢如履薄冰的境遇中度日，后主的心情可想而知。

好不容易当上九五之尊，君临天下。然而，面对声势日隆的宋室，后主完全被慑服，非但无振兴之举，反而屈节以求苟存。他将国主的诏书改称为“教”，更换了代表帝王身份的黄袍，甚至把太庙殿阙所摆设的仪制“鸱吻”也拆除了，其诚惶诚恐之心由此可见。在卑屈中偷生，什么国体、尊严早就不顾，然而深藏于他肺腑中的痛苦却与日俱增，“煜尝快快以国蹙为忧，日与臣下酣宴，愁思悲歌不已”。偏安一隅，富贵荣华尚可保全。一旦成了末路降王，亡国之耻、囚徒之辱，便接踵而来。最先迎接后主的是一个侮辱性的封号——“违命侯”。戴着这顶“帽子”，他今生怕再难抬头。更令人无法忍受的是，宋太宗罔顾人伦，竟然逼幸小周后。据宋人王铚《默记》一书记载：“李国主小周后，随后主归朝，封郑国夫人。例随命妇入宫，每一入辄数日，而出必大泣，骂后主，声闻于外。后主多宛转避之。”此事元人冯海粟亦有诗云：“江南剩得李花开，也被君王强折来。怪底金风冲地起，御园红紫满龙堆。”面对至亲至爱遭受这种难以启齿的凌辱，后主偏又无能为力，还得强颜欢笑，连起码的人格尊严也被剥夺。其心灵深处的创伤，局外人恐怕很难感同身受，椎心泣血、万念俱灰都不足以陈其痛。他在寄给金陵旧宫人的信中说“此中日夕只以眼泪洗面”，看来绝非虚言。

3. 智慧的痛苦

如果后主思想简单的话，那么无论他是什么身份都可以随遇而安，做个快乐的“酒囊饭袋”，然而他偏又是个有智慧的人。智慧是人的精神需要的最高层次，是人生所能达到的最高境界，它体现的是人之为人的最高理想和价值。正因有了慧根，后主才深深地体味到人生一切痛苦中最大、最久的痛苦。

后主作为具体的人，是一种理性的存在，他能意识到自身的生命；他意识到自己，意识到同伴，意识到过去，也意识到未来的可能性；他意识到自己是作为一个独立的实体存在的，知道他的寿命是短暂的，知道他出生并不出于他的意志，他死亡并非不违反他的意愿……面对自然和社会的力量，他清楚地意识到自己孤弱无能。所有的这一切使人类寂寞而孤独的生活处境变成了一座难以忍受的地狱。在这种情况下，后主不可能满足于有限生命和单纯维持生命存在的生存活动。他只有将自己的存在指向未来，以某种理想作为目的来指导自己的存在过程，才能摆脱这座地狱。

然而，后主的未来却是惨淡的，其理想也总是在与现实的碰撞中化为泡影，成为一种可望而不可即的乌托邦式的幻觉或空想。

后主具有很浓郁的诗人气质。他早年为了在宫闱斗争中保全自身，从现实的悲剧性中带着一颗要求平静自己的心走向自然，走向诗画，走向玄理，只想做个远离尘寰、逍遥山林的隐士。在

《即位上宋太祖表》中，他说得很明白：“臣本于诸子，实愧非才，自出胶庠，心疏利禄。被父兄之荫育，乐日月以优游，思追巢、许之余尘，远慕夷、齐之高义。”他还自称“钟山隐士”“钟峰隐者”“钟峰隐居”，这些都是其性情的真实流露。后主以自己的畅想、渴望与追求，在豆萁相煎的阴影中，找到了实践自己生命哲学的一方净土。在大自然的佳山秀水里，感受自由生命的光彩和乐趣，纵情高歌：“浪花有意千重雪，桃李无言一队春。一壶酒，一竿身，世上如侬有几人。”烟波江上，春风和美，举酒垂钓，他俨然成了位忘却尘世的逸士。

可是，后主并非一个纯粹的诗人、隐者，他还有着高贵的皇家血统。这是与生俱来的，不容他选择。太子弘冀和几位兄长的早逝把他推上皇位，把他从原本的生命轨迹中抛了出来。理想让位给使命。“理想是自由的，我可以自由地提出此理想或彼理想；使命是决定的，或几乎可以说是人不能自主、不能不遵从的天命。理想是主观建立的，使命是客观赋予的，是国家给予的，时代给予的，或是上司赋予的。”

身背着突如其来的使命，面对着风雨飘摇的江山，后主清醒地意识到“一切使生活具有价值的事物正在走向末日”。灾难性的未来前景使他的心中布满畏惧，“畏惧将自身附着于一切之上，所有的不确定性都染有畏惧的色调”。后主只是个诗人而不具备政治家的素质，治国平天下绝非其当行本色。他不过是为维持整体而起作用的一种功能，却发挥不出有效的作用。在畏惧阴影的笼罩下，后主苦苦地承受着“生命之重”。离开了那块曾属于自己的绿洲，告别了放浪形骸的日子，生命不再自由，不再安宁，残酷的命运和多变的世事浇灭了他的理想。他就像失土的浮根，没有了精神家园，只能在纸醉金迷、声色犬马中放纵自我，麻痹神经。“落花狼藉酒阑珊，笙歌醉梦间”，“临风谁更飘香屑，醉拍阑干情味切”，后主沉浸于人生短暂的欢娱中，借此来摆脱世俗烦恼的纠缠。为了从一己的忧虑中逃遁出来，他还费尽心思“于群花间作亭，雕镂华丽而极迫小，仅容二人。每与后酣饮其中”。正如贺麟说的那样：“抱悲观主义的人不仅不自杀，有时愈悲观愈享乐，愈纵情肆欲，酣歌宴饮，以求目前一时的快感。”

四十年的家国梦，随着一曲别离歌而破灭；旧日的价值和权威，在“几曾识干戈”的质问中轰然坍塌。劫后余生的后主开始立足于个体生命的情感体验，在忍受生存的焦虑和空虚的同时，还要为生存下去寻找勇气和毅力，他把目光倾注于自己丰富充实的内心，去激发和复活自己心灵深处潜藏着的情绪记忆，思想中所留下的仍旧只是一片静寂的不可言状的空虚之苦。“多少恨，昨夜梦魂中。还似旧时游上苑，车如流水马如龙。花月正春风。”往昔的繁华更映照出当下的凄恻苍凉。

在“伴君如伴虎”的最后生涯，必然中又带有偶然的死亡好像一柄高悬于头顶的达摩克利斯之剑。对生的渴望与对死的恐惧，在后主心中造成了沉重的心理负担和压力，并构成了始终排解不开且绷得越来越紧的生命情结。就在死神的狞笑隐约传来时，他同样也以自挽自悼的形式发出了生命的悲歌。后主临终前“乘醉书于牖云：‘万古到头归一死，醉乡葬地有高原。’醒而见之，大悔。不久谢世”。这醉里的真言正是他对人类存在的通彻大悟。

不曾经历过精神或心灵巨变的人，无异于是在生命的户外徘徊，也许偶尔会猜到几分墙内的动静，但总是肤浅不切实的，甚至完全是隔膜的。“不曾哭过长夜的人，不足以语人生。”由智慧而来的痛苦是一种深刻的灵魂之苦，它与其他痛苦一道汇聚成一股苦难的力量，铸就了后主生命的内涵，实现着他生命的超越，体现着人类的伟大和尊严。

二、悲剧意识的核心

歌德认为：“悲剧的关键在于有冲突而得不到解决。”后主毕其一生都在自我实现与社会选择的矛盾之中体味生命的无奈，但同时他对理想又有着永恒的眷念。他没有逆来顺受地沉灭下去，因为在他懦弱的灵魂深处还埋藏着斗争的种子。这粒斗争的种子在苦难的培育下，日益成长起来，最终使后主通过直面死亡把“我”的在世的情感提到一个空前深刻的新高度。

他在“我”应该在此世实现理想，而此世又偏不让实现理想而产生的尖锐矛盾中，采取了对“我”在世的坚持和对境遇的情感上的不接受态度。

在这种情感态度的基础上，产生了生的爱恋、生的悲剧、生的痛苦、生的哀伤。后主“对我的在世有一种深厚沉郁的情感的不接受”，但又绝不逃避，而是“在不接受情感中去思去问，使心灵担负起整个生存的重量”，这便构成了他悲剧意识的核心。

这一核心的构成是“此世”的环境氛围和后主的个性禀赋。

1.“此世”的环境氛围

后主最初所在的“此世”是一个乱世。

“五代十国”是一个大分裂、大动荡的时代。盛唐的繁华被摧毁，君臣的秩序被破坏，人类文明、理性、良知、善意的提防被战争的洪涛湮没。北方的武夫悍将们高喊：“天子兵强马壮者当为之，宁有种耶！”他们相互攻伐，伺机谋篡，以至于“置君犹易吏，变国若传舍”。而南唐在经过李昪二十多年的惨淡经营之后，得以雄踞一方，“其地东暨衢、婺，南及五岭，西至湖湘，北据长淮，凡三十余州，广袤数千里，尽为其所有”。

在一个攻击型的时代，不是成王就是败寇，这使得国与国之间的生存竞争变得异常激烈。兵力的强盛与否决定着一个国家能不能在竞争中占据优势，“安朝廷，定祸乱，直须长枪大剑，若‘毛锥子’安足用哉”。如果说南唐在初赛中还可以与北方诸国较量几个回合而不至于落败的话，那么在复赛中它则因远远踏不上时代的节拍而完全处于下风了。这是因为中主李璟在位近二十年间，不辨忠奸，致使朝政紊乱，党争达到尖锐化的地步。尤其是用兵闽越，屡兴战端，国力日渐衰弱以至于萎靡不振。可以说等到后主嗣位时，南唐已好比“温香软玉”，在大一统的潮流里注定要成为他国的囊中物。

“后主殂于大梁，江左闻之，皆巷哭为斋”，就是这样一位“仁爱足以感其民”的国君，“而卒不能保社稷”。可见，“在人之外还有一个更巨大的力量制约着人、人的命运和人的发展，人没有左右自己全部命运的自由性”。这种大的力量产生于一定现实矛盾所造成的某种情势之中，它与环境氛围息息相关。

后主入宋至汴梁，着白衣纱帽在明德楼下待罪。虽然沦为阶下囚，但到底是个侯爷，家居环境以及待遇不至于有多恶劣，从“风回小院庭芜绿，柳眼春相续”“笙歌未散尊前在”中我们可以感知到，在月如钩的时候还可以“无言独上西楼”。然而，好的环境并不能营造出温馨和谐的氛围。作为末路降王，后主行动的自由被剥夺，甚至不能多要一个替自己处理章表的旧人，“今来，已蒙遣到徐元楀。其潘慎修更不敢陈乞”。而故臣亦只有在奉旨的情况下才可以去探望他，一言一行还要受到监视。在这样一个危机四伏的环境里，后主自然倍感压抑。

如果一个社会具有极强的攻击型性格，它在很大程度上直接毁灭人，而不会让你充分展现你的性格。不幸的是，后主恰好处在这样的一个社会中，当他在特定的环境中成熟起来后，便开始独立地面对社会和环境。但环境并不总是与他性格成长的环境相一致。当他走进或被拖进一个几乎完全异己的环境中时，性格便表现出强烈的对抗性，从而产生环境的必然要求和这个要求在性格实际上不可能实现之间的矛盾。从富贵温柔乡到战争离乱地，面对因环境变异而来的生存威胁和压力时，后主没能转变角色去应对挑战，不是调整自我与环境的冲突，而是更积极地坚持实现自我。等陷入万劫不复的境地之后，他还是我行我素，不安于平庸单调。悲剧便在性格一步步行动展开中写就，毁灭当然是这一篇章的终止符。

2. 后主的个性禀赋

环境氛围只是给后主提供了一个机会，把他带进悲剧性的境遇中，然后隐身而退，剩下的就是人物在这境遇的性格展示中走向悲剧的结局。如果后主能效仿三国时的刘禅在赵光义面前也上演一出类似“此间乐，不思蜀也”的闹剧的话，那么保全性命恐怕是没什么大问题的，毕竟有宋一代对文人还是相当宽容的。而后主偏偏不能韬光养晦，可以说，悲剧的结局是他自找的。

后主给人的第一印象是天性懦懦，素昧威武。他“生于深宫之中，长于妇人之手”，自小在金陵长大，那里安宁富庶，青山如屏，碧水似镜，而且文风鼎盛。除精通书画音律、酷爱诗酒风流之外，后主哪里见识过什么金戈铁马的场面，更不必说像宋太祖那样“一条杆棒等身齐，打四百座军州都姓赵”了。懦弱的性格使其在即位之初就没有想过跟宋朝一拼高下。他非但不思进取，反而作茧自缚，只想滞留在自己那个充满幸福、和谐、宁静的“小天地”里，不愿朝着现实的艰辛多看一眼，为了求得暂时的安宁与自由，一味厚纳财物，尊事中原。“每闻朝廷出师克捷及嘉庆事，必遣使犒师修贡。其大庆，即更以买宴为名，别奉珍玩为献。吉凶大礼，皆别修贡助。”甚至有忠臣勇将献制敌良策也俱不采纳。南都留守林仁肇常密言后主，乘宋师疲于取岭表出兵“以复故境”，并以“不成族臣家”明其报国之心。后主却置若罔闻，后来又中敌人的反间计，把他鸩杀了。

在宋兵攻打金陵昼夜不息之际，后主不寻思如何背城一战，竟然天真地以为给宋主上一份《乞缓师表》，说几句“僻在幽远，忠义自持，唯将一心，上结明主”“唯陛下宽之赦之”之类喻之以理、动之以情的话，就可使“一城生聚”免受刀兵之灾。其性格可谓懦弱到了极点。当金陵沦陷之时，他信誓旦旦地说：“若社稷失守，当携血肉以赴火。”然而等他真的被俘后，半点慷慨激昂的模样也没有，跟那些“骈头就戮缘家国”的乐人相比就差得更远了。

后主这个人最大的悲剧在于他设想了一个虚无的情境来谎骗自己，并不断地暗示自己只要有足够的诚意，宋主就不会赶尽杀绝。这种谎骗最终使他尝尽因“幻灭”而带来的莫大苦痛。我们不能简单地把后主的性格就定为懦弱，因为他也有勇敢的一面。这看起来似乎很矛盾，实际上是统一的。任何个人都是“在一定历史条件和关系中的个人”，后主不可能完全亲近自然而与宫廷一刀两断；他也不可能在生死关头无动于衷。他是活生生的血肉之躯，“而不是思想家们所理解的‘纯粹的’个人”。

人的本质并不是单个人所固有的抽象物。在其现实性上，它是一切社会关系的总和。人既然是社会关系的总和，那么人的性格世界就不可能仅仅是某种单一的社会生活内容的反映。一个丰富的性格世界，是许多组性格元素合成的复杂网络结构，在这种结构中各组性格元素互相依存、互相交织、互相渗透、互相转化，并形成自己的结构层次，使性格呈现出复杂而有序的运动状态。正如社会是充满矛盾的，人的性格也是充满矛盾的，任何一个社会人，都一定处于社会关系网中的某一点上，都反映着社会关系两极的对立和冲突，都一定要在矛盾的一端与另一端之间产生某些摇摆性，只是这种摇摆的幅度因人而异。后主身为国君时，修宴买贡，侍奉宋主，一而再再而三地显示自己懦弱的一面，但他始终不愿乞降，深藏于内心的斗争的火种也没有完全熄灭过，在江山社稷实难保全的情况下，他还曾主动宣布不奉宋的正朔，不臣事于宋，并发兵15万应战宋师。据《江表志》记载："建康受围二岁，斗米数千，死者相藉，死无叛心。"由此我们也可看出后主守城的决心，要坚持到最后一刻。从他后来"金锁已沉埋，壮气蒿莱"的词中，我们可以发现后主雄壮的气概虽然消沉了，但他也不是完完全全没有反抗的。沦为阶下囚后，安宁没有了，自由更被剥夺，他一方面上书太宗"臣亡国残骸，死亡无日。岂敢别生侥觊，干扰天聪"，另一方面却屡犯大忌——不是缅怀故国"不堪回首月明中"，就是面对故臣"相持大哭"，并感叹"当时悔杀了潘佑、李平"。自古君王对此事极为敏感，杀有不臣之心者也从未手软过，哪怕他只是流于口头。在后主性格的深层结构中，很明显存在着矛盾，同时我们也可看出后主的确多愁善感而且任纵纯真，有一颗赤子之心。他不善于掩饰自己的真情实感，明知安危难保，还口不择言，说些可能会给自己带来杀身之祸的话。他并非不明白这一点，只是因心中郁积的痛苦过于沉重，已经到了欲止不能、忍无可忍的地步，一找到缺口就喷涌而出。这恰是其最可贵的地方。试想，他像前蜀王王衍那样不提亡国之事，自得其乐，或者装疯卖傻，苟全性命，那还有什么悲剧意识可言。

正是因为多愁善感，后主才承受了太多悲伤，“销魂独我情何限”。在月照帘栊的长夜里，他无奈地倾听着“断续寒砧断续风”；在故国重归的旧梦醒来后，他泪眼婆娑；在独上西楼时，他对着寂寞梧桐体味出别样的滋味。一方面他“比所有的人扶摇直上”，另一方面，“也许比所有的人都彻底地沉没到生活的泥潭中去”。痛苦是无法测定的，“人世间最大的痛苦之情，是一种说不出痛苦的痛苦”，正如后主自己所吟唱的那样：“问君能有几多愁，恰似一江春水向东流。”

正是因为任纵纯真，后主才敢于在亡国败家之际，扪心自问“几曾识干戈”，这不仅仅是指未曾经历过战争的洗礼，更是他是对历史悲剧的总结，是痛定思痛之后的一种自责，是横遭兵祸、国灭家亡的沉痛之言。正因如此，才使他敢于在反思之后又“垂泪对宫娥”，不必掩饰自己的心境，更无须计较后人的指责——“后主既为樊若水所卖，举国与人，故当恸哭于九庙之外，谢其民而后行，顾乃挥泪宫娥，听教坊离曲哉”；也使他敢于在朝不保夕之时，放胆直言当日悔杀忠臣。后主的这些思考除加速自己的毁灭之外，不会有其他结果。正如狄克逊所说：“只有当我们被逼得进行思考，而且发现我们的思考没有什么结果的时候，我们才接近产生悲剧。”现实的无奈只能使后主转向个人的内心世界，“使心灵担负起整个生存的重量”。他继承皇位，却不谋其政，反倒“醉入花间”；归为臣虏，却不安分守己，竟然质天问地，大放悲声。以一颗不变的心来直面苦难，勇敢地迎接那个注定要毁灭他的目标的挑战。正是此举表现出后主维护自身独立的坚定毅力，真正实现了一个人可以被毁灭，但不可以被打败的尊严。

在后主多愁善感和任纵纯真的个性里，我们可以看到和感知他勇敢的一面。没有多愁善感，后主也不可能在任纵纯真时宣泄出那么多的愁绪。这两者是一脉相承，不可分割的，而勇敢恰恰蕴含于其中。这里所谓的“勇敢”绝“不是生命力本身，不是单纯反抗的力量”，而是“在自由中毁灭的悲剧性人物身上自愿经受的原始特征，被看作显示出自身生存希望的东西”。由于受到历史地形成的社会条件和伦理观念的影响，后主追求生命自由与安宁的理想和传承“四十年来家国”的念头都沉入了他意识的底层，并在意识烛光照不到的黑暗中不断积聚起来，成为一种自己都不了解的巨大能量。在这股能量的推动下，后主心底那一脉奔突不已的原始情感才得以在暗礁险滩的阻碍中形成激腾翻卷的急流。“只要他活着，他就会是勇敢的，在演变中毫不动摇地恢复自己。”正因有了这样一种勇敢，后主才能在苦难中去思去问，去对自己所处的困境作一番观照和冥思，我们也才能从他的身上感觉到生命的冲动。

当深陷于命运罗网的包围中时，后主以自己的热情、感性、激奋、冲动，以活生生的血肉之躯和善感的心灵卷入、经受、展现、询问自己的困境；以自己柔弱的双肩，勇敢地撑起无边的苦难。这苦难摘去了他的皇冠，洗礼了他的灵魂，净化了他的情调，在他的精神世界里绽放出一株株香飘万世的奇葩，并以此来凸现他生命的厚重。

三、悲剧意识的意义

悲剧意识是悲剧性现实的反映，也是对悲剧性现实的把握。悲剧意识首先具有暴露困境的功能，使人们对“我的在世”产生怀疑和询问。后主在国破家亡时，对自己没能守住祖宗基业而懊悔不已，一句“几曾识干戈”不知包含了多少反思与自责。然而，这些反思与自责不能冲破前路的暗淡，更无法使自己再回归到从前。

悲剧意识具体表现为悲剧性艺术。悲剧性艺术既是悲剧性现实的反映，又是悲剧意识的表现。它具有弥合的功能，使人对困境产生一种坚韧的承受力。钟嵘在《诗品·序》中说：“凡斯种种，感荡心灵，非陈诗何以展其义，非长歌何以骋其情……使穷贱易安，幽居靡闷，莫尚于诗矣。”费尔巴哈说，痛苦是诗歌的源泉。只有将一件有限的事物的损失看成一种无限损失的人，才具有抒情的热情和力量。只有回忆不复存在的事物时的惨痛激动，才是人类的第一艺术家。后主在无意识中不由自主地提笔填起词来，陶醉于创作激情之中。他脑海里绝不是一堆一堆任他随意挑来挑去的辞藻，而是一幕幕活生生、鲜灵灵的情境，是“船上管弦江面绿，满城飞絮滚轻尘”，是“千里江山寒色远，芦花深处泊孤舟”。脑海中的情境在灵光一闪的瞬间生成了笔尖的“词句”，一种浸透了作家生活经验与思想感情的词句，“为的是吐露自己的苦痛”，减轻压在心头的重负，“让空气来分担，将自己的痛苦当作普遍本质”。

“当个体处于尖锐的心与物、人与世界分离之时，当人在有限无限超越中缺乏中介，而在渴望一切又怀疑一切、否定一切的两极运动之时，一句话，当人的精神、人的灵魂、人的根基虚无化而环顾左右无所依持时”，正是文学艺术把“人从现实的重负下解放出来，激发起人对自身价值的认识”。

“李后主以词哭”，通过这种艺术的中介，一次魂梦、一次醉酒、一次凭栏、一次登楼的寓意都“超出了它所意欲表明的关系之外，它对于现象世界的描绘变成了生活本质的表达”。由于悲剧性的艺术满足了后主内在的渴求，“当命运和自身的抉择将他束缚在一种既

定的生活秩序中去时，他的想象会将他引入不可能实现的生活”，使他“梦里不知身是客，一晌贪欢”，使那颗躁动不安的灵魂得以宁静地栖息。

后主以纯粹的眼泪吟成了反抗悲剧命运的哀歌。他时而低回，时而悲鸣，时而呐喊，时而恸哭，如孤燕哀唳，如杜鹃啼血，在桎梏与毁灭的预期中勇敢地挣扎，虽微弱却执着。席勒认为：“哀歌在自然与艺术、理想与现实中描写那已失去的自然和不可企及的理想，哀伤和惋惜是主调，必须在理想的照耀下，使有限的个人悲伤变为无限的内容，使对象越出有限的束缚而获得永恒的意义。”后主落花流水的哀歌正是通过自己对生活悲剧的人生体验，转化为深层审美体验，从而使人生无常的悲苦获得诗意的普遍性。

在萦绕着故国烟尘的苍凉凄婉的哀歌中，在苦难的熏染下，后主的个人之愁已升华为国家之愁、人生之愁、人类之愁，精神情结升华成普遍的情结，他的痛苦沉淀成人生的痛苦，他的忧伤转化为生命的忧伤，从而形成了一种具有普世性的悲剧情怀，显示出绚丽的悲剧美。

后主俯仰天地，纵观古今，在现实的破碎中重建精神的完整，高扬生命自由与真实的旗帜，显示出对人生毁灭的普遍深沉的挽歌式情调和悲剧性精神。他的一生，经历了人生的全景。一杯鸩酒，使他从生命的物质形式中得以解脱，穿过殷红的血，化为千古的图腾。悲苦灵魂的歌者，将嵌于永恒的无字碑石上。

苏轼“坐听荒城长短更”

苏轼以垂老之年，投荒过海，船上放着一副空棺。刚到儋州，满耳是黎族的土语，居无所，食无肉，出无友，读无书。好不容易有了间破茅屋，“风雨睡不知，黄叶落枕前”，漏雨不说，还漏树叶，处境比杜甫的“床头屋漏无干处”更凄惨。

被抛掷到这天涯海角的化外之地，毒蛇猛兽遍地皆是，更令人恐怖的是瘴疠和疟疾时时威胁着那日渐衰朽的身体。处在这样的旋涡之中，人在本能上自然是慌乱不堪。彼得·圣吉在《第五项修炼》里曾讲过一个自己亲身经历的故事。他外出旅游，去看一个大瀑布。正值冬天，但瀑布还在流，水是冰凉的，有一个游客不小心掉进瀑布下面的深潭，这个人会游泳，本能的反应就是拼命往岸边游。但由于瀑布的冲击，深潭里有一个巨大的旋涡，他根本游不出来，挣扎了十几分钟，最终因体力耗尽不幸死去。结果他的尸体顺着水下的涡流，借助水向外扩张的力，不到一分钟，就被冲到岸边。

慌乱中，我们往往越抵抗反而陷得越深，没有任何益处。儒家经典《大学》中，有一段话：“知止而后在定，定而后能静，静而后能安，安而后能虑，虑而后能得。”遇事时，不要匆忙应对，而要让自己的情绪先停下来，达到定的状态，然后用高质量的思维去解决生命中的跌宕。在旋涡中，最好的方式是游到底部再出来。

以前在汴梁住豪宅，睡千工雕床，垫宣州进贡的丝毯，苏轼“忧愧自不眠”；在黄州，麦田里醉倒支头砖，反而睡得安详。他在心态上早已由“笔头千字，胸中万卷，致君尧舜”的进取，走向“优游卒岁，且斗樽前”的平和。他在情绪上自然也就没有了“空戴南冠学楚囚”的伤感，没有了“老却英雄似等闲”的慨叹。

人本主义心理学家、精神医学家维克多·弗兰克，他的父母、妻子、兄弟都死于纳粹的魔掌，而他本人也在奥斯维辛集中营受过虐待，其经历的磨难，要比苏轼更惨痛。他没有控诉自己

的悲苦，而是强调，寻求生命意义有不同途径：一是创造，做有意义的工作或实事，以实现内在的精神能力和生命的价值；二是体验，体验世间亲情友情，体验大自然、艺术中的真善美；三是肯定苦难在人生中的意义。他说：“人所拥有的任何东西，都可以被剥夺，唯独人性最后的自由——也就是在任何境遇中选择一己态度和生活方式的自由——不能被剥夺。”当我们只剩下所谓最后一件自由，即“在既定的境遇中采取个人态度的能力”时，我们可以选择创造和体验，使自己“苦得有价值，以证实其超越外在命运的能力”。

当苏轼认定自己可能会终老蛮荒时，他开启了新的生活方式，积极地学土语、唱黎歌，跟猎户、农夫在槟榔树下话家常。因为没有好墨，修墨灶修得差点烧了房子。顶着椰壳帽，带着好奇的眼睛去寻找海的故事，忘了庙堂的秩序与逻辑。

苏轼选择将希望埋在心底，用主动的创造超越自我，感悟生命。北宋哲宗元符三年（1100年）春天的一个夜晚，他趁着月色来到江边，用流动的水来煎茶。用大瓢舀水时，好像把水上的明月也贮藏到瓢中，提回来倒进水瓮，再用小水勺将水舀入煎茶的陶瓶里。一个63岁的老人，大晚上不休息，来回汲水。白发覆盖下的是一颗活泼的心，永远处在对爱恋的追求之中，永远处在对山川大地的眷念之中。

当瓶内的水煮沸时，雪白的茶乳在水面翻滚，将茶倒入茶碗，飕飕作响，仿佛风吹过松林所发出的阵阵涛声。在这静谧的春夜里，苏轼一边喝着茶，一边“坐听荒城长短更”。当年科考中举被皇帝呼名召见的好儿郎，如今在这寂寞荒城，垂垂老矣。这长短不齐的更鼓，随着涌动的江潮，一声接着一声，拆解了凡俗世界的金字塔，拆解了权力与财富的全部荣耀。

汲江煎茶

活水还须活火烹，自临钓石取深清。
大瓢贮月归春瓮，小杓分江入夜瓶。
雪乳已翻煎处脚，松风忽作泻时声。
枯肠未易禁三碗，坐听荒城长短更。

课本外的人物

芦中人和渔丈人

《东周列国志》中描述伍子胥“生得身长一丈，腰大十围，眉广一尺，目光如电，有扛鼎拔山之勇，经文纬武之才”。这长相绝对称得上奇伟，如果是在平常，根据巴特·辛普森效应，人们会自动将聪明、能干、善良、慷慨、仁慈等诸多美德加到他头上；如果是在逃亡，那奇伟的状貌，反而容易让人辨识。

在父兄被楚平王杀害之后，伍子胥踏上逃亡之路，可谓惊心动魄。一夜白了头，才得以蒙混过昭关，结果又被大江阻隔，还是没有离开楚国的地界。

据《吴越春秋》记载，正当绝望的时候，伍子胥忽见一渔父驾着一条船，从下流溯水而上。他“入船，渔父知其意也，乃渡之千浔之津”。

渡江之后，渔父见伍子胥面有饥色，便叮嘱他在树下等，自己则去弄点吃的。看到渔夫离开，伍子胥虽有些怀疑，但并没有选择逃走，一来可能确实饿坏了，二来又不熟悉周围的状况。他对未来充满了不确定感，内心焦虑，处在相对弱势的地位，而渔父拥有的资源在那一刻要比他多，为了缓和焦虑的情绪，他愿意相信渔父是可靠的、善良的。

不过，他还是留了个心眼，躲在深深的芦苇荡，静观其变。不久，渔父回来了，拿着麦饭、咸鱼羹、盎浆，短时间内准备这么多吃喝，也实在难得。结果，渔父在树下寻找了半天，不见伍子胥，只好用歌声来呼唤："芦中人，芦中人，难道不是穷士吗？"伍子胥确定安全后才从芦苇中应声。渔父自然有些埋怨，觉得自己的真诚与热情受到猜疑。伍子胥赶紧辩解说："性命属于上天，现在属于丈人，怎么敢猜疑你呢？"

考古学家理查德·李凯说："人类之所以成为人类，互惠系统功不可没。"伍子胥觉得自己受了渔父这么大的恩惠，总是过意不去，于是，解下百金之剑，对渔父说："这是我前君的剑，

上有七星北斗，价值百金，用这剑来报答您。”渔父说：“我听说楚王的命令，捉到伍子胥的人，赐给粟五万石，晋爵执圭。难道我会贪图百金之剑吗？”看来，渔父早就通过容貌认出了伍子胥。

这把宝剑一旦被人发现，交代不清来历，岂不成了罪证，渔父表示无论如何不能收。也许，渔父救伍子胥，原本就是遵从内心的召唤，怀着良善之心，同情伍氏一门忠烈受屈含冤。他心无杂念，只是催伍子胥赶紧离开。

伍子胥总觉得这样一走了之不像话，又多嘴问对方姓名，渔父说：“今天很凶险，两贼相遇，我也只是摆渡楚国罪犯的贼。两贼相互理解，在于默契，为何问姓名呢？你是芦中人，我是渔丈人，他日富贵，不要忘了我。”渔父明知对方是伍子胥，却叫他“芦中人”，这其实是一种自我保护的手段。

伍子胥拜谢了渔丈人，刚走几步，心里还不踏实，又转身告诫说：“掩盖你的盎浆，不要让它暴露了。”渔父说好。谁曾想，伍子胥再回头看渔父时，他已翻船自沉到江水之中。

就算盎浆暴露，伍子胥也未必会被抓住。在逃亡中，伍子胥消耗了太多的心理能量，自然有点草木皆兵，容易发生对外部事物认知上的错觉相关，把实际上没有关联或只有弱关联的两件事联系起来，甚至认为这两件事之间存在很直接的因果关系。就像曹操一路逃亡，好不容易在吕伯奢家安顿下来，结果听到后院有磨刀声，便立刻警觉，把吕伯奢亲自买酒和磨刀声错觉相关后，马上怀疑其动机，以为对方是去官府告发自己。紧接着，他又听到“赶快绑上杀了吧”，内心的假设顿时得到验证，于是，拔剑闯入后院，不由分说连杀8人。之后，他继续搜寻，这才发现厨房绑着一头猪。

伍子胥连盎浆暴露都担心，足见他对渔父是多么不放心，也许下一步就会起杀心。从后来他对楚平王鞭尸来看，这种可能也不是没有。渔父或许觉得伍子胥的告诫是对自己的羞辱，他只有用投水翻船来表明自己的诚意。渔父选择投水翻船，同样也是用昂贵的代价来获得信任。他未必会葬身鱼腹，但至少船上一切伍子胥用过的东西，都已经沉入水底。

“油腻中年”，应该好好学一学刘邦

刘邦起兵反秦的时候，已经48岁，要知道汉景帝48岁就去世了。力量、筋骨日渐衰退，用孔子的话说，到了这个年纪，“血气既衰，戒之在得”，而刘邦正式开启了自我进阶之路，50岁攻入咸阳灭秦，55岁击杀项羽称帝。别人已经进入“油腻中年”的下半场，而他的生命之花才刚刚绽放。

当然，这条绽放之路自是遍布荆棘。楚汉相争时，他胸口中箭，为稳定军心必须强忍剧痛，假装仅是脚趾受伤。英布造反时，他残年老病，躺在宫中，诏令守门武士不得让群臣进入，像周勃、灌婴这样的亲信都不例外。过了十多天，樊哙一如当年在鸿门宴上勇闯项羽大帐那样，“排闼直入”，进了刘邦的卧室，群臣紧随其后，看到他枕着一个宦官躺在床上。

这醉人的画风熏得樊哙等人痛哭流涕：“始陛下与臣等起丰沛，定天下，何其壮也！今天下已定，又何惫也！且陛下病甚，大臣震恐，不见臣等计事，顾独与一宦者绝乎？且陛下独不见赵高之事乎？”于是刘邦笑着从床上起来。斯坦福大学教授詹姆

斯·马奇说："你可以拥有权力或是自主权，但无法同时拥有两者。"刘邦这一笑，巧妙地化解了尴尬，既是对自我的激励，也是对群臣的认同，当然也包含着深深的无奈，作为权力的拥有者，他的日程表，自己说了不算。

刘邦原本要派儿子去平叛，但被吕后阻止，说英布打仗那么厉害，你手下那些将领各个桀骜不驯，只听你本人的话，要我们的儿子带这帮人上战场，简直就是让一只羊领一群狼打仗，那英布知道消息还不得直接打到长安来！皇上虽然病了，勉强趴在车子上出征指挥，诸将谁敢不尽力？

论完了道理之后，吕后又开始动之以情，"上虽苦，为妻子自强"。好一句"上虽苦，为妻子自强"，最后，刘邦骂骂咧咧地说："吾惟竖子固不足遣，而公自行耳。"61岁的他，只好再披战袍。如果曹操也有这样的妻子，恐怕他就不会在平定汉中之后安慰自己："人苦不知足，既平陇，复望蜀耶？"说不定能够一鼓作气扫平西蜀，把“烈士暮年，壮心不已”的豪言落到实处。

英布是与韩信并称的名将，是项梁时代就已抗秦的“老革命”，而且旗鼓军威壮，排兵布阵跟项羽一样。刘邦望见英布，远远地对他喊道：“何苦而反？”英布也不加掩饰，说自己“欲为帝耳”！刘邦怒骂英布，双方大战。平叛过程并不顺当，刘邦还被流箭所伤。功成奏凯，估计未解战袍人就已经病倒，半年后，刘邦不治身亡。一代英雄硬是憋着一口气，灭掉最后一个劲敌，为千秋霸业铲除所有的威胁，这才谢幕退场。

说起来，刘邦倒有点像自然界的大黄蜂，理论上它不能飞行，但实际上却做到了。他在认知上远超对手，在行动之前，他要综合考量这件事的性质、风险、需要付出的努力以及努力后能得到什么结果。一旦考量的结果成为他心中的优先级，那么他做起来就更具冲劲。最终，刘邦开创了大汉帝国400年的基业，为民族定下了一个光辉不朽的名字。致知明理固然有用，但学刘邦那样提升认知才是关键。所谓“油腻中年”，其实就是懒惰、放纵、自制力不足，说到底都在于认知能力受限。

看看人家刘邦，笑而起身，披甲再上沙场，征战归来，途经沛县，设宴款待父老，找寻120个小孩，教他们唱歌。酒兴浓时，亲自击筑，让孩子们随他齐唱《大风歌》，借天时地利人和，又跳起舞，舞姿翩然，犹似当初那个不羁的少年。

大时代里的抉择

王章，字仲卿，泰山巨平人。他出生的那个地方，也就是今天的泰安，南临孔子的故里曲阜。我们人生在世，似乎都被一个与生俱来的、悄无声息却又无所不在的“命运”指点着、摆布着，走向约定俗成的终点。

王章也是如此，他把自己放在时空的坐标里加以界定，首先，他成长于汉宣帝在位期间，那时政治清明，经济繁荣，“吏称其职，民安其业”；其次，身为泰安人，他应该不止一次登临泰山。《史记·货殖列传》说“泰山之阳则鲁，其阴则齐”，于是泰山兼有齐鲁不同风格的文化优势。在秦汉时期，齐鲁文化以儒学深沉的内涵和雄大的气象，拥有先进的文化地位。生于斯长于斯的王章，不可能不受到这一文化的濡染。在他之前，秦皇、汉武都曾来泰山封禅，“以望八荒，视天都若盖，江河若带”。尤其是在武帝时期，儒学成为国家意识形态的正统，而泰山作为权力符号的地位也得以加强。

王章的生命与文化连同他所生存的地域环境是和谐统一的。

他无须选择现实，现实也不容他选择。一切都在按部就班地运转着。于是，他来到了长安，以儒生的身份来游学。显然，他对儒家的经典还是很精通的。长安是东方最繁华的都市，“冠盖如云”。想在这里站稳脚跟，谈何容易。日子虽然清苦，但幸好有妻子陪伴。不用“剪烛夜话”，也不用红袖添香，这样的温馨不是必要的，但“当头棒喝”却一定不能少。

最艰难的时候，王章病重，情绪低落，连抱怨的力气都没有。他没有被子，躺在牛衣（用麻或草织的给牛保暖的护被）中，哭着与妻子诀别。结果，妻子生气地呵斥他：“仲卿，京师在朝廷中的尊贵人有谁能超过你呢？现在被重病困住了，不勉励自己，反而哭起来，真是浅陋啊！”妻子表面呵斥，其实充满深情，她对丈夫无条件地接纳，在丈夫最为沮丧的时候，安慰他、鼓励他，让他在心理上得到关怀，重新获得力量。

后来，王章历任官职，等到做了京兆尹，想上奏弹劾王凤。王凤可不是等闲之辈，他是汉成帝的舅舅，是大司马大将军、领尚书事。在整个汉帝国政权结构中，其地位权势已经超过号称“百僚之长”的丞相，是真正的一人之下、万人之上。在皇帝年幼或势弱不足以掌控朝政时，担任这一职务的人就是帝国实际上的最高决策者。王章这样做，无疑是以卵击石，会把全家都带入危险的境地。妻子制止他说：“人应当知足，难道你忘了躺在牛衣中哭泣的时候吗?”王章说：“这不是女子应该知道的事。”

当时，汉帝国已经从“孝宣中兴”走向了衰败，而汉成帝又无视高祖“非功臣不得封侯”的约定，竟然在同一天把太后五个寸功未立的弟弟都封为侯爵。“王氏子弟皆卿大夫、侍中、诸曹，分据势官满朝廷。”严峻的现实逼迫王章必须作出抉择，这抉择不仅关乎自己的前途、家庭的命运，而且镌刻着帝国的未来。鲁迅说：“不是死，就是生。这才是大时代。”在这样的大时代里，王章承受着重压和使命，他看到了烈火、血污，甚至即将发生的“雪崩”。当他在奏疏上写下日食之咎都是因为王凤专权蒙蔽主上的那一刻，想到的已经不是独善其身而是搏击宦海兼善天下。

王章借助异常的天象来弹劾王凤是个很好的切入点，“应灾议政”自然会引起汉成帝对“弭灾之道”的好奇。王章把“日食之咎”归因于王凤专权，然后分析说“上天行事，耳聪目明，保佑善良，惩罚邪恶，用祥瑞或灾异作为效验的征兆”，并且指出王凤的三条罪责，最后拿出解决的策略，推荐忠良代替王凤，让更多的人参与到这件事情当中。

弹劾的事很快就外泄。王凤以退为进，搬出宰相府，上书请求，措辞哀痛。太后听说后也为弟弟流下眼泪，拒绝吃饭。汉成帝虽然一时被王章打动，但毕竟从小跟舅家亲昵，心理上十分依赖，不忍心解除王凤的权柄。

最后，王章被关进廷尉的监牢，妻子和孩子都被拘捕。王章的小女儿刚12岁，晚上起来大哭道："先前狱卒呼问囚犯，常到九个人，现在到八个就不呼了。家父素来刚直，先死的必定是他。"第二天询问，王章果然死了。一般情况下，将人犯绑赴法场，总该在黎明时分，而王章在夜里就被秘密处决，足见王凤对他是多么痛恨。

王章死在汉成帝阳朔元年（前24年）冬。在历史上，这是一个普通的年份，但对汉帝国来说，却是一个转折点。此后，汉成帝再也不提削权之事。"公卿见凤，侧目而视"，"郡国守相、刺史皆出其门下"，王氏一族的势力，盘根错节，如同恶性肿瘤一般深深扩散到帝国的每一个器官。

王章凭一己之力，并没有改变大汉帝国的走向，但他到底还是在黑黝黝的历史迷宫里亮过一点微光，这是他在那个大时代里作出的抉择。

他播下的是龙种

在那个闹书荒的年月，一本《红与黑》，想看的知青排大半年恐怕都轮不上。为了加快周转速度，于是书被拆成一二十沓，重新装订。大家限时轮流看，根本无法沿着情节顺下来。“于连被砍了头又好端端地在侯爵府上混事，打碎了日本花瓶撒丫子跑回埃里叶去爬德·瑞那夫人卧室窗子”，真叫个跌宕起伏。虚构的故事，多了几分混乱，让人大跌眼镜，又直呼过瘾。我想，如果把王莽的人生也做这么一番错位，或许更能有一种颠倒乾坤、大开大阖的感觉。

当起义军攻陷长安之后，在熊熊烈焰和阵阵喊杀声中，王莽最后一次戴上纯金的平天冠，穿上华丽的龙袍，站在未央宫前的广场上，高声断喝：“天生德于予，汉兵其如予何！”倒也有几分“赫赫师尹，万民具瞻”的气概。春秋时，宋国司马桓魋要置孔子于险境，孔子说：“天生德于予，桓魋其如予何？”他深知自己有大德，内蕴着人类的精神，担当如此重大使命，一个小丑桓魋，又能把自己怎么样？这是孔子的自信，是他对外来威胁的蔑视。与孔子相比，王莽自称天命所归，借用圣人的言语，却没有圣人的风范，最终无力回天。他死后，头颅被挂在城楼几个时辰后，又被人取下，当成球踢，踢得面目模糊。站在正统立场的班固虽然没有称王莽为“狗都不如的人间渣滓”，但仍旧以如椽巨笔把他牢牢地钉在耻辱柱上。

镜头闪回，王莽在房间里来回走着，那是15年前十一月的一个夜晚。他读到一封信，是上天和刘邦的神灵写的，说他是真命天子。亲信大臣随即向他叩首朝贺，并起草了诏书，昭告天下。没有真刀真枪的对垒，王莽顺利地成为“新”朝的皇帝。在“万岁”的呼声中，他看到了未来。他要以自己笃信的儒家信条构建一个“大同世界”。这是一个市无二价、官无诉讼、乡无饥民的世界，也是每一个百姓，都能实现他们心中辉煌梦想的世界。

王莽要把天下的土地改为不可买卖的“王田”；要把盐、铁、酒、铸钱及山林川泽收归国有；要把奴婢改称“私属”，恢复其自由民的身份；要用“金、银、龟、贝、布”等代替当时的五铢钱和刀币，百姓如果私下用五铢钱，一旦被抓就要被流放。

王莽没有经济学家的才识，反而有一股子倒砌金字塔的勇气，迂阔而执着地跋涉着，每天工作达20个小时。在他看来，伟大的“新”朝，自然要配新名称。他虔诚地翻阅着上古时代的儒家经典，一心遵循古制，把太守改名叫大尹，县令改名叫县宰，长安改名叫常安，甚至还把匈奴单于改名叫降奴服于，也不管人家乐不乐意。

王莽战战兢兢地“播下龙种”，他怎能辜负那些信任他、爱戴他的人，那些与他一样怀抱儒家理想的人。当初，王莽辞掉朝廷奖赏给自己的田地，旋即引发民意井喷。史载：“吏民以莽不受新野田而上书者前后四十八万七千五百七十二人。”值得注意的是，这48万余人里面，竟然还包括了一大批的诸侯、王公、列侯和刘氏宗室。后来以富平侯张纯为首的公卿大臣、士大夫、博士、议郎等高级知识分子，共计902人，浩浩荡荡前往皇宫请愿，要求对“功过伊、周”的王莽速速执行“九锡之赏”（缘自周公时代的传说），也就是赐予王莽介于皇帝与诸侯王之间的崇高地位。我们有理由相信，王莽已经立在了时代的潮头，他有着无与伦比的精神魅力。

而历史学家总是会将自己的倾向性表现在字里行间，有时候要轻描淡写，比如他们就不会主动告诉我们李自成进了北京，自己竟带头“掠人妇女”，多尔衮却下令将士夜宿城头，禁入民宅，违者，斩；有时候要浓墨重彩，于是他们笔下的王莽就成了一个嘴巴像老虎、眼睛像猫头鹰、声音像豺狼的怪物。今天如果拍历史剧，请人演王莽，恐怕会难倒化妆师。

林肯说：“你可以在全部时间内欺骗部分的人，也可以在部分时间内欺骗全部的人，但你不能在全部时间内欺骗全部的人。”如果我们自诩“通古今之变”，自认为全知全能的话，那王莽最初的谦卑，就是一种欺骗。班固总是在叙述的过程中时不时地指斥他 “阴有篡汉之意。恐人心不服，乃折节谦恭，尊礼贤士，假行公道，虚张功业”。

可是，王莽这一生行骗到底图什么呢？他的夫人“衣不曳地，布蔽膝”，被前来拜访的公卿列侯误认作僮使。他的次子王获因杀奴而自尽。后人指责他以骨血“要誉”，对此台湾学者柏杨实在看不下去了，他指出，“这是一种混淆视听的恶毒抨击。只因他的篡夺行为受到谴责，遂连对的也被诬蔑成错的。公正就是公正，不管他为什么公正，更不管他心怀什么动机”。

王莽实在是一个浑身上下焕发着道德热情的人。哥哥早死，留下一个叫王光的儿子。王莽让他在博士门下学习，并且在假日

奉献羊肉美酒慰劳他的老师，恩惠遍及他的同学。后来又让王光跟自己的儿子在同一天娶妻，宾客盈门。婚宴上，他又屡屡离席，进入后堂服侍母亲用药。将军朱子元没有儿子，王莽听说后，特地买来一个婢女送给对方。在成为大司马之后，王莽为了推动朝廷的“限田令”，把王家所有的土地，除了坟园之外，全部捐给贫民。

正是因为有了这样的事、这样的人，老百姓才不吝赞美之词，创作歌谣3万多字。在一个王朝的末世，他们会觉得这样一个人，真的可以如杜甫所言“再使风俗淳”。他们会一厢情愿地认为道德上有洁癖的人，同样也是一个有能力恢复秩序的人。谁承想，最终“收获的却是跳蚤”。正如哈耶克所言：“在我们竭尽全力自觉地根据一些崇高的理想缔造我们的未来时，我们却在实际上不知不觉地创造出与我们一直为之奋斗的东西截然相反的结果。”

当24岁的王莽，赶到生病的伯父大司马王凤府上的时候，他终于撞开了命运之门，“亲尝药，乱首垢面，不解衣带连月”。沉疴不起的王凤，在虚弱与无助中，感到来自亲情的温暖，同时也看到家族的希望。最终在将死之际，把王莽托付给自己的妹妹太后王政君。这成为王莽人生奋斗的起点。比起在《红与黑》中的于连，他人生的第一步去德·瑞那市长家当家教，二人同样都是“奋厉有当世志”，而王莽的起点，却不知高出了多少。

江东来的战斗“机”

280年，庚子年，炎夏，吴主孙皓反绑双手，拉着棺木，来到王濬的大营，献上地图和户籍册。至此，“金陵王气黯然收”，天下三分，终归一统。

吴主孙皓被押到洛阳。在当日的见面会上，不仅有文武大员、四方使节，还有很多太学生，晋武帝对孙皓说：“朕设了这个座位等你，已经很久了。”身为阶下囚的孙皓，立刻反唇相讥：“我在南方，也设了这个座位来等陛下。”面对孙皓的放肆，武帝并没有介意。他想通过安抚江东的人心，获得豪门大族的拥护。

虽是如此，仍时有叛乱。到了288年，东吴故地，又发生了多次地震。在武帝看来，这一定是江东怨气所致。于是，他加强了对江东人才举用的力度。在这样一个背景下，27岁的陆机，出身吴郡华亭陆氏，是江南鼎甲大族，在东吴一朝有“二相、五侯、将军十余人”，其家族之盛，连吴主孙皓都忌惮三分；加上陆机本人相貌堂堂，著文作诗，蜚声文坛，他自然成为重点“收编”的对象。

从家乡华亭出发，北上洛阳，两千多里地，陆机难免“悲情触物感，沉思郁缠绵”，但到了京城，毕竟风华正茂，他和弟弟陆云都满怀理想与激情，志在建功立业。后来苏轼把这兄弟俩比作自己和苏辙，“有笔头千字，胸中万卷；致君尧舜，此事何难”，也足见当时“二陆”的风采。

不过，因西晋灭吴不久，中原士族以正统自居，气焰很盛。他们把江东来的人视为亡国之余，常常当众羞辱对方。没有故国撑腰，在大多数时候，忍气吞声是必然的选择，但江东来的陆机却“志气高爽”，成为名副其实的战斗“机”。

有一次，陆机去拜访王济，王济“前置数斛羊酪”，说：“卿江东何以敌此？”陆机说：“有千里莼羹，但未下盐豉耳。”乍一听，还以为是美食家在品评南北风味，其实背后却暗藏对抗。王济出身太原王氏家族，是晋武帝的驸马，历任侍中、太仆。在政坛和文坛，他都不是等闲之辈。羊酪是北方常见的食物，他以此为喻，是想说江东偏僻，连北方常见的食物都没有。言外之意则是嘲讽江东士人，见识浅薄，没有资格到京城来争高下。陆机哪里能忍受这等挑衅，他立刻反驳说江东千里湖的莼羹不过是普通的美味，就已经胜过洛阳的羊酪，如果再放上点盐豉，那就非羊酪能比。言外之意则是正告王济，一旦朝廷重用江东士人，我们的能力和功业必在尔等之上。

如果说王济的嘲讽还停留在文学修辞的层面，那么卢志的羞辱，简直就是肆无忌惮。在一个公开的场合，卢志问陆机：“陆逊、陆抗是君何物?”“何物”直译就是“什么东西”。当众直呼对方父祖的名字已然大不敬，还问“何物”，这分明就是在挑衅。卢志敢于如此，一来是因为当时西晋朝廷弥漫着歧视江东士族的风气，二来是因为卢志出身于范阳卢氏，这一家族从东汉以来就显赫，甚至到了唐朝仍然长盛不衰。

杜甫曾喝醉酒，踩着严武的座椅，瞪眼看着他说：“严挺之乃有此儿!”当时，严武是剑南道西川节度使，因为有旧交，他给杜甫提供吃喝以及住处。面对杜甫的大不敬，他一时竟起了杀心，准备带兵抓捕，如果不是被母亲阻拦，恐怕杜甫就难逃此劫。杜甫或许是酒后失言，而卢志却是故意挑衅。当陆机的情绪被挑起来之后，他虽没有严武的手段，但维护家族尊严的战斗力还是不缺的。他立刻回应：“如卿于卢毓、卢珽。”意思是，“就像卢毓、卢珽和你的关系一样”。这两个人，一个是卢志的祖父，担任过曹魏的司空；一个是卢志的父亲，担任过西晋的尚书。

可能是觉得陆机过于针锋相对，出门之后，陆云劝解他：“何至如此，他或许真不知道这层关系?”陆机顿时严肃地说“我父、祖名播海内，宁有不知”，然后，又禁不住恨恨地大骂卢志是“鬼子”，是阴损之人。

在言语上，陆机这种战斗的姿态，使自己从没有落过下风，但也得罪了很多人，尤其是卢志。后来，陆机在河桥战败，被卢志中伤，最终被押赴刑场，跟他一起赴死的还有弟弟陆云。他一声长叹说："家乡华亭的鹤鸣，以后再也听不到了吧！"虽然他没有再现父辈的辉煌，虽然他只是在言语上富有战斗力，但他对生命意志的追寻与张扬，却很值得我们钦佩。

可以慰风尘

可怜白雪曲，未遇知音人。

恓惶戎旅下，蹉跎淮海滨。

涧树含朝雨，山鸟哢余春。

我有一瓢酒，可以慰风尘。

751年，当同时代的才子戴叔伦、顾况还在苦读的时候，15岁的韦应物在父亲的运作之下，成了三卫郎（唐时禁卫军，有亲卫、勋卫、翊卫，合称“三卫”）。虽只是个正八品的小小侍卫，但他扈从的可是唐玄宗。

在朝会时，两名宫女各自手持一把大羽扇，那是用五彩的野鸡羽毛制成的，交叉挡住玄宗，等玄宗坐好后，再将羽扇移开。真丝织就的龙袍，闪着金光，那一刻，仿佛一片日光照着玄宗，杜甫曾在诗里激动地回味自己“日绕龙鳞识圣颜”。

作为玄宗的侍卫，面对如此庄重、华丽的气象，他早就习以为常；而且在钟鸣鼎食的家庭长大，想必他也不止一次听过关于祖父在武则天手下当宰相的光辉家史。说不定，当杜甫在大殿之上内心雀跃的时候，他就站在不远处冷眼旁观。当时，他们各有各的方向，像胡适说的那样“你不能做我的诗，正如我不能做你的梦”。

十五六岁的他，还理解不了杜甫的厚重。那个时候，虽然名唤韦应物，但仗着家世背景与皇帝的恩宠，他从来没有想过要顺应万物，也不知道庄子说的什么“邀于此者，四枝强，思虑恂达，耳目聪明，其用心不劳，其应物无方”，真的是“少年狂望动干云”！横行街巷就不说了，平日里，他结交的也都是些杀人越货的亡命徒，甚至还把他们藏匿在家中。

大白天没事，设个赌局，掷一掷骰子，玩到天黑；再潜入东邻家，跟姑娘偷欢。兴致来了，或许能吼上一句“有一个姑娘，就在我身旁；和我一起在，生活里荡漾”。就算牌局或者吼声引来司隶，一个负责治安的小官，又能奈他何。他是皇帝的三卫

郎，手里那把仪刀可不好惹。

不过，说实话，这份差，好听却不好当。“骊宫高处入青云”，里面是“仙乐风飘处处闻”，玄宗吹奏着玉笛，舞女簇拥着杨玉环翩然起舞。铜盆火炭，温煦如春；而无论多大的风雪，他都只能在宫外把守。玄宗在长杨宫，骑马射猎的时候，他只能跟在后头，哪怕翠竹如屏，垂柳多姿，他也不会有更多的感受。大字不识几个，除饮酒外，再无长处。

眼见着石莲花在水底盛开，银缕船在池中游弋；宝石和丁香堆成山，霓裳和羽衣织成云，“烈火烹油、鲜花着锦”，大唐繁盛如梦如幻；忽然，就被动地而来的鼙鼓惊散！街头吓唬百姓可以，面对安禄山呼啸而至的铁骑兵，三卫郎们就只有逃跑的份儿。他和他那个时代的所有人，都开始被迫接受命运的重压与洗礼。在长安沦陷的前夜，玄宗出奔，折断金鞭累死马。皇帝丢了江山，他丢了饭碗。家道随国运，从此都逆转。没有了大树荫庇，他不得不直面烈日的暴晒，尝遍被欺凌的滋味。身与心，竟渐渐变得单纯与素白。看姑娘的眼，开始挑灯看书，只是不知道他会不会像沈从文那样“看了会新书，情调和目力可不济事”。握仪刀的手，开始握笔题诗，武职改文职，侍卫做县令，安抚孤儿寡母。

在一个偶然的场合，他遇上了早年的旧友杨开府，开府是文职散官的虚衔。这是一次有价值的遇见，彼此聊起少年时少年事，触发心头多少感慨。相信在那个瞬间，他一定重遇了自己，找到一条重返内心的暗途。谁能想到，此时此刻，泪水打湿襟袖的人，当初竟是那样一个无赖。唏嘘之余，他挥笔写下《逢杨开府》：“少事武皇帝，无赖恃恩私。身作里中横，家藏亡命儿。朝持樗蒲局，暮窃东邻姬。司隶不敢捕，立在白玉墀。骊山风雪夜，长杨羽猎时。一字都不识，饮酒肆顽痴。武皇升仙去，憔悴被人欺。读书事已晚，把笔学题诗。两府始收迹，南宫谬见推。非才果不容，出守抚茕嫠。忽逢杨开府，论旧涕俱垂。坐客何由识，惟有故人知。”通过对悠悠往事的追思，他把个人的哀乐与努力，不动声色地藏进了王朝的盛衰里；通过对生活日常的展示，他让我们发现了比相斫相杀的历史更为久远恒长的价值，让我们从中感受到了一丝生命的气息。

从无赖到诗人，从目不识丁到折节读书，韦应物摇身变成韦苏州，一脚踏入那红尘俗世，一心惦念那一方水土一方人，“身多疾病思田里，邑有流亡愧俸钱”，“到郡方逾月，终朝理乱丝”。洗尽铅华，他终于活成了自己喜欢的样子，活成了自己爱喝的那瓢酒，“可以慰风尘”；活成了一棵躯干挺拔的枫树，血液里流淌的那团火，“可以慰风尘”。

愈堕落愈快乐

明代的帝王大多不愿博取仁君圣主的美名，好像江山是别人家的，自己可劲儿地搞破坏。开国皇帝朱元璋是个百分百的“嗜血狂”，杀你没商量。丹书铁券在他眼里竟成了通往阎罗地府的传票。永乐更不含糊，在刀光剑影中主演了一场叔侄相煎的人伦惨剧。之后的帝王没有了先辈盘马弯弓的能耐，但精力还是很旺盛的。

正德皇帝，在玩儿的方面可以说是花样百出。宫中起火，他非但不紧张，反而在远处欣赏：“是一棚大烟火。”南巡时，他奸淫掳掠，无所不为，哪里有天子做派，完全是土匪行径。到了嘉靖、万历时，他们连精力也没了，躲进深宫几十年，不是实践房中术，就是钻研炼丹术。相形之下，天启算是个不错的小伙子，他跟路易十六爱修锁一样，只喜欢摆弄木匠活，当然要比爱因斯坦做小板凳的水平高多了。

明代的帝王就这样愈堕落愈快乐，一代又一代把江山败掉。崇祯有心收拾残局，却无力回天，还动不动自毁长城——如袁崇

焕这样的忠臣最后享受的却是“凌迟处死”的待遇。结果，崇祯的一双御手也只好落到为自己上吊系环扣的地步。北京沦陷之日，飞檄勤王，征者竟无一赶来。

跟帝王相比，士大夫到底是读过圣贤书，他们最初都还抱着精忠卫国的念想，“舍得一身剐”，一个赛一个地拉皇帝下马，伸长脖子拿颈血去涂抹青史，用鲜活的生命去赢得垂世的英名。燕王夺嫡之后，建文帝的文学博士方孝孺，拒绝为朱棣起草诏书，执笔写下一个大大的“篡”字，虽然成全了自己“骨鲠千秋”的赞誉，却白白搭上了十族八百多条性命。

明代的士大夫们似乎很喜欢集体请愿，批龙鳞，逆圣听，几百号人跪在宫门外。皇帝才不怕你人多势众，才不管你是不是位高权重，也不管你是不是胸藏锦绣，一声喝令，几百号人当众被扒下裤子打屁股。此类壮观场面在明朝一再上演。廷杖之下，立毙者很多，即便幸存也留下了一辈子的伤痕——屁股被打烂了，骨架被打散了，脖颈被打断了，礼义廉耻也随之丧失殆尽。于是，须发皆白的内阁首辅拐弯抹角地要当魏忠贤的干儿子；于是，素有“江南人望”之称的钱谦益带头向清军迎降；于是，活着还是死去，成了一个大问题。据说清兵进入南京后，一个乞丐跳了秦淮河，留下绝命诗一首：“三百年来养士朝，如何文武尽皆逃？纲常留在卑田院，乞丐羞存命一条。”

明代庙堂很少呈现出君臣共创盛世的辉煌气象，没有冬日暖阳的温煦，多是长阴蔽日。皇权专制之下，拯救苍生有赖明君，而明代帝王多是“我死后，哪管它洪水滔天”的主，我堕落所以我快乐，最终把江山断送。

狂飙为我从天落

历代狂者，多是独立苍茫，兀自呼喊，很少有同气的朋友，心底开满孤愤忧郁的花。如西晋的阮籍穷途歌哭，一句“时无英雄，使竖子成名”的惊人语，从气势上压倒当世所有文人。有明一代，文人染“狂”病者，却远远超过了其他朝代。

其实这里所谓的“狂”，绝非绿林好汉啸聚山林对抗朝廷之狂，而是文人追求人身自由与思想自由的一种外在表现而已。元明之交，中原板荡，王纲解纽，为个性意识的萌生提供了适宜的气候条件。明初才子解缙上万言书，无所避忌，敢于对朱元璋的朝政评头论足，真可以说是“刀尖上跳舞”；大学者方孝孺当着朱棣的面，拒绝起草诏书，执笔写下一个大大的“篡”字……

文人张狂的背后都隐藏着一个高大的自我。这种个性意识到明中叶以后，蔚然成风。我们所熟知的唐伯虎，并非周星驰饰演的那样风流自赏，在红粉丛中游刃有余。他因科举舞弊而与官场无缘，从此穷愁潦倒，却少了低眉折腰的妾妇气，“一日兼作两日狂，已过三万六千场”。

徐文长虽名头不及唐伯虎，但才华横绝一世，以至齐白石想早生300年为其磨墨理纸。他同样半生落魄，托足无门。晚年多次自杀。有一次居然拿起斧头“击破其头，血流被面，头骨皆折”；又有一次用锐利的锥子“锥其两耳，深入寸余，竟不得死”。他正是通过这种疯狂的举动来表达对现实的不满。

与徐文长相比，李贽命途也多舛，但他张狂之中更多了几分叛逆。在书院讲学，遇到峨冠博带的道学先生拿经书提问时，他就一拂袖说：“此时正不如携歌姬舞女，浅斟低唱。”落发念佛，他却不受戒，照样喝酒吃肉。当时出家人中像李贽一样的狂僧有很多，他们呵佛骂祖，率性而为，用自己的真性情来对抗时代的虚伪与堕落。

在76岁那年，李贽以“敢倡乱道，惑世诬民”的罪名，被人用门板抬到京城入狱。他没有向当权者低头，抱着必死之心，用

剃刀自断咽喉，血流遍地，气息两日不绝。侍者问他：“痛否?”他以指蘸血写道：“不痛。”侍者又问：“你为什么要自杀呢?”李贽又写道：“七十老翁何所求?”李贽的血性刚烈使其道不孤。他的学说、作品在当时拥有大量的信徒和读者。

明代文人正是以张狂的举动、惊世的才华、骇俗的言论，在封建专制的罗网里堂堂正正地写就了一个顶天立地的“人”字。他们用极其痛苦的存在向后人证明，这个世间他们曾经来过、活过，也精彩过。

麟儿·黄宗羲

天启六年（1626年），黄宗羲17岁，就在上一年岁尾，他刚完婚，娶的是同邑叶氏。这之前的几年，可以说是他人生中最无忧的岁月。他在县学读书时不算用功，远不像白居易那样，写字写得都把手磨出了茧子。他喜欢买《三国》《残唐》之类的演义，藏几十册在帐中，等父母熟睡，便偷偷地“长燃一盏灯”，放那乱世的“风云壮入襟怀”。小孩子“不务正业”原是天性，同为绍兴人的鲁迅从小就爱用压岁钱买荆川纸和画谱，把它们藏在楼梯或床垫下面，一有空就偷偷拿出来画。不过，这些闲杂书最终都被他的父亲发现了。

黄宗羲的父亲黄尊素还将此事告知了妻子姚氏。姚氏奇怪丈夫为何不赶快禁止。黄尊素解释说一旦禁止，就怕伤了儿子的“迈往之气”。所谓“迈往之气”，就是超凡脱俗、精进向前的气概。黄尊素不愿儿子把所有精力都投放在经营举业上，希望他能有自己的空间，让“性灵”得以张扬。鲁迅的父亲纵容儿子，已属难得；黄尊素这样做，更是可贵。

虽说明朝士大夫的尊严在王权面前，如同秋风横扫之下的落叶，凄然飘落，荡然无存，但科举入仕还是极为强势的主流价值观，三年一度的赶考是一定要参与的，黄宗羲也不能免俗。只有把人的行为放入时代潮流、社会期许以及群体规范的背景下，我们才能理解其背后的动机。

黄宗羲21岁第一次参加乡试，名落孙山。返乡途中，他偶遇获罪辞归的老状元文震孟，赶紧拿出自己的考场作文，请对方指点。文震孟夸他“后日当以古文鸣世”。考场上写的八股文，被称为时文，对方夸他以“古文鸣世”，其实就是说他时文写得不怎么样。显然，黄宗羲没有听出这话外之音，先后四次应试，均无功而返。

相比儿子，黄尊素本人倒是个不折不扣的科场胜出者。他继乡试中举之后，第二年会试又登进士第。没过几年，被吏部尚书赵南星提拔为御史。赵南星是朝臣中颇有声势的“东林党”领袖之一。这些士大夫通过在吴中东林书院讲学而结成政治同盟，跟以魏忠贤为核心的“阉党”势不两立。朱元璋曾在《大明律》里专门提出如果官员结党，不光

本人处斩，其家眷都要发卖为奴，财产充公。双方都互称对方为“党”，其用心不言自明。

因为有此背景，黄尊素一到京城，便加入对“阉党”的斗争中去了。少年黄宗羲在自己家里，就曾目睹东林诸公与父亲讽议朝政、裁量人物、指陈时弊的情景。母亲守在一旁“管勾茶铛酒罍”，一次次灯烛燃尽，以致仆从婢女“头触屏风”。

彼时的黄宗羲还是个不谙世事的少年，他对大人们所讲的东西自然不明就里；只一心盼着众人赶紧散去，他好翻开闲杂书，继续做自己的英雄梦。其实，在梦里当个英雄，也未尝不是一种幸福。然而，造化弄人，偏要让黄宗羲做一回英雄，去“直面惨淡的人生”。

黄尊素与他的那些东林同道都是饱学之士，慷慨有余但权谋不足。他们的对手是一群毫无底线的政治流氓、恶棍刁奴。几个回合下来，这些愚忠循礼的士大夫，最终把自己放在了祭坛上。

天启六年（1626年），在黄宗羲新婚三个月时，黄尊素被锦衣卫的缇骑缉拿。此前他就已经因为弹劾魏忠贤而被革职回家。这次被抓，黄尊素知道可能在劫难逃，在绍兴城外，与众人分别之际，他请前来送行的刘宗周把儿子收入门下，自有几分托孤之意。刘宗周是一代大儒，当时，也因得罪“阉党”而被革职。

黄尊素被关押在北镇抚司。这里“专理诏狱”（皇帝钦定的案件），逮捕、侦讯、行刑、处决，不必经过一般司法机构，死于酷刑者不计其数。明明是政治迫害，他却被安了一个受贿的罪名，被追赃2800两。黄宗羲在父亲入狱之后，也赶到京城，到处筹措钱款，眼看钱款就要凑足，结果，父亲却惨死狱中。

天启六年（1626年）的黄宗羲，永远失去了父亲。他的祖父大书“尔忘勾践杀尔父乎”八个字，贴在他每天出入的地方。这铭心之痛与刻骨之恨，像是火种，埋藏在少年的心底，积聚着复仇的烈焰。

黄宗羲是长子长孙，家庭重担全压在了这个17岁的少年身上。为了省几个钱，他徒步400里，为祖父采备棺木，了却老人的心事。后来，在安葬父亲的过程中，又备受官府刁难，他只能抗争到底。

人生的路，不可逆转。天启六年（1626年）之后的黄宗羲，再也回不到从前。父亲的惨死，对于黄宗羲86年的生涯来说或许只是一个插曲，却永远改变了他生命的旋律。43年之后，黄宗羲60大寿，看到好友为他写的贺文，忽然想起父亲死时只有43岁，思及自己比父亲又多享了17年人寿，真的是“齿发易销，斯哀难灭”！

鲁迅说：“造化又常常为庸人设计，以时间的流逝，来洗涤旧迹，仅使留下淡红的血色和微漠的悲哀。”在黄宗羲看来，无论时间如何流驶，旧迹都没有被洗去。43年后是这样，当年更是如此。他知道关于正义的道理，也知道伤害的来源在哪里，却无能为力。直到魏忠贤化作再也无法复燃的死灰，朝廷才得以会审杀害黄尊素的帮凶——曾经掌管北镇抚司的锦衣卫都指挥佥事许显纯。他仗着自己是明孝宗皇后的外甥，在铁证面前拒不认罪。黄宗羲作为原告，对簿公堂。他预先把一柄长锥，暗藏袖中，当庭刺向许显纯，使对方“血流被体”。

之后，在审讯两个狱卒时，黄宗羲跟几个和他一样背负血海深仇的人一拥而上，将二人当场捶毙。当初对东林诸君刑讯逼供，此二人都是出死力的打手。不知道那一刻，他身上会不会加持三国张翼德的豪勇与五代王彦章的狠辣。

但我知道，那一刻，他是他父亲的麟儿。

孔子作《春秋》，记之：“春，西狩获麟。”写完，就此搁笔。这是鲁哀公十四年（前481年），“哀哉丧乱世”。古以麒麟为仁兽，当天下有圣主时，才会出现。“获麟”是嘉瑞，却无法落到实处。孔子无法解释，难免悲从心来。时代车轮碾压而过的扬尘，谁又能逃得开？

不过，传说中的麒麟作为华夏民族特有的带着神性的动物，却被后世不断渲染。在黄宗羲出生之前，其母姚氏梦见自己生了一只麒麟。黄尊素便给孩子起了乳名，单唤一个“麟”字，期待这孩子“才格出寻常”。古人喜欢给豪杰才俊的身世附会传奇，来证明他们天赋异禀。据说，唐朝名将郭子仪出生前，他的祖父梦见一条巨蟒来到家中。

从出生之前就开始的期待，之后也一直持续着，进入黄宗羲的潜意识深处，成为他的一部分。黄宗羲生于安逸，长于忧患。家庭的变故磨砺了他的性格，开拓了他的胸襟，真正让麟儿有了一番豪杰气概。

明亡之后，得知老师刘宗周绝食，黄宗羲徒步两百多里，翻山越岭，赶往探视。见到老师“卧匡床，手挥羽扇”，黄宗羲不敢哭泣，泪水打湿了睫毛。刘宗周前后绝食36天，意志坚定，后来连喝水也主动禁了。他用生命践行了“诚意”“慎独”，以坚毅沉静之死给黄宗羲上了最后一课。

黄宗羲以布衣之身加入反清运动，用义举传承父亲的遗志和老师的教诲。从36岁到50岁，“壮岁光阴随手过”，身尝患难，事无成，空余两鬓霜。在“天崩地裂”的时刻，无路可走，他痛定思痛，真正开始领悟老师的学说，从中找到精神的支撑。

从天启六年（1626年）开始，黄宗羲就被卷入急流。少年袖锥刺贼，揭开跌宕人生的序幕；壮年遭逢丧乱，“负母流离”，退居陋室；晚年“厕身儒林”，在思想上卓然独立。相信黄尊素泉下有知，一定倍感欣慰。这个黄家的麟儿，终不负所期！

一纸白卷，千里流徙

一个13岁的少年，对家国天下多少有点模糊的意识。在明清鼎革、山河易主之际，时代湍流所扬起的浪花，一定会打在他的身上、心上。更何况，离他家乡吴江松陵镇不远的地方，还发生过“嘉定三屠”，淋漓鲜血染就的沉痛历史，远比墨水写就的更触动心灵。不过，他毕竟才13岁，明亡之后，自然不会跟遗民那样感念旧朝的恩泽。

少年名叫吴兆骞，颖异不凡，9岁即能作《胆赋》，10岁写《京都赋》，被大诗人吴梅村誉为“江左三凤凰”之一。在私塾，他把同学的帽子偷来“溺之”，面对老师的责问还振振有词：“居俗人头，何如盛溺？”少年有如许才情，又如此高傲，自然不会守着林泉终老，他要把世代书香氤氲播散，要在科举场立身驰骋。跌宕的湍流，改变不了“江河万里归沧海”的趋向，于是在顺治十四年（1657年），他参加了江南乡试，“名挂黄金榜”。那一刻，“志气平生浩荡”，不负少年狂。

接下来，便是参加会试、殿试，像后来的龚自珍那样，“霜毫掷罢倚天寒，任作淋漓淡墨看”（科考后发布的录取名单榜，被称为淡墨榜）。然后，同榜进士们一起参加传胪大典，在朝廷大殿的彤墀阶地，排班站立。大殿金碧辉煌，朝阳初上，灿烂如图画，跟这些后起之秀相得益彰。

然而，情节的发展却像六月天，上一秒还红日朗朗，瞬间就风云突变，让人猝不及防。吴兆骞第一次参加科考，就被卷入丁酉科场案。

这次丁酉科江南乡试，主考官为翰林院侍讲严州人方猷，副考官为翰林院检讨杭州人钱开宗。放榜后，录取的举人多江南名士，但也有不少人凭的是买通关节。结果，舆论哗然，以至酿成“群体事件”。在主考官坐船返乡经过常州、苏州时，大批士子追船大骂，甚至向他们投掷砖瓦。落榜士子还在贡院集会，贴“大字报”，讽刺堂堂选取人才的贡院，竟成金钱交易的污秽之所。著名戏曲家尤侗还不忘蹭热点，写下一部传奇《钧天乐》，讽刺科考如何行贿。《钧天乐》流播到京城，闹得沸沸扬扬，让顺治大为光火。

到底有没有舞弊，重考是最好的检验方式。次年（1658年）二月庚戌，在中南海瀛台，圣驾亲临，要来测一测这些被录取的正副榜举子。他们每个人都身带刑具，由护军营的军校持刀监视，戒备森严，简直如同上刑场。以春雨诗五十韵命题，结果，除了一人三试皆优，文列第一，准许参加殿试之外，其余74人准许参加下科会试，24人罚停会试，24人文理不通，革去举人。而

惊才绝艳的吴兆骞，却在复试时，交了一纸白卷，并且交白卷的只有他。

无论是临考抱恙，还是现场无措，这些说法都不能令人信服。吴兆骞何许人，那是见过大场面的江左名士，后来在刑部大堂，独对审讯，都毫无惧色，极力申辩，当堂赋律诗两首，其中有“冤如精卫悲难尽，哀比啼鹃血未干。若道叩心天变色，应教六月见霜寒”之句。在刑部大牢，给父母写信时，还强调“儿身虽在狱，而意气激昂，犹然似昔”。退一步说，就算当日生病或紧张，也绝不至于一字未写。

如此看来，交白卷定是他有意为之。“性简傲，不谐于俗”的个性，让他对屈辱的体味必然更深刻、更敏感，受到诬陷，本就心存抵触，在“护军两员，持刀挟两旁”的情境中答卷，更是气涌如山。最后，虽然查明他没有舞弊的行为，但这一纸白卷，却坐实了他对朝廷大不敬的罪名。天威汹汹、天威难测，金殿之上，天子亲临，吴兆骞偏要意气用事。

洪峰在小说《极地之侧》结尾处写道："四周很安静，天大极了人小极了。"极小的个体在面对极大的"天"的时候，是选择对抗还是妥协，这是一个问题。吴兆骞或许也会跟哈姆雷特那样，有过纠结，但"无力回天"的结果，让他付出了惨痛的代价。

顺治对丁酉科场案大开杀戒。主考官、副考官及17名同考官总计19人判以死罪，包括吴兆骞在内的8名考生被处籍没家产、父母兄弟妻子流放宁古塔之刑。江南乡试上榜者有120多人，被流放的只有8人，量罪之重，可想而知。

宁古塔是清朝的国防重镇，更是冰封雪盖的苦寒之地；相传兄弟6人，占据此地，满语称"六"为"宁古"，称"个"为塔，所以才有了这名字。它距京城4000里，是流放的极限。这些流人如今戴着枷锁，长途迁徙，出山海关，渡辽河，越长白山，涉松花江。且不说宁古塔那"雪花如掌"的严酷气候与"乱石坚冰"的恶劣环境该如何面对，其实，能面对已属万幸。单是沿途的艰苦与凶险，就让很多人胆寒，无论风霜雨雪，无论陡坡悬崖，都必须徒步日行50里，裹了脚的女眷也不例外，毫无人道可言。每天8两饭，还经常供应不上，流人随时会沦为饿殍；更有可怜者，半路便被出没的虎狼吃掉或者被饿急的野人分食。

不知道这一路上，吴兆骞的心里会不会充满鲁迅在《野草》中所写的“血和铁，火焰和毒，恢复和报仇”，但可以确定的是，随着离家越来越远，希望也越来越渺茫，“敢望余生还故国，独怜多难累衰亲”，空虚中的暗夜或许要耗尽他的青春。

因为朋友的周旋，吴兆骞的家人最终免于受罚，得以保全。初到宁古塔，他形单影只，当初那个“舞衣低步障，歌榭出箜篌”的风流公子，有好长一段时日得自己拿着斧头凿冰融水，在小火炉上煮稗子充饥。我猜想，他或许会学爱斯基摩人，为摄取足够的维生素，选择“生吃肉”。因为肉经高温烹煮后里面的维生素大多都被破坏，加上宁古塔的燃料宝贵，大量用于烹饪实在是浪费。

挫折、痛苦、不幸，逼迫他开始面对真实的自我。该如何摆脱困境？哲学家塞涅卡给予的劝诫是，要学会成为“我自己的朋友”，首先与自己和解，才能与世界和解。好在他可以“挟取笔端风雨，快写胸中丘壑”，借此重树诗人的尊严，建立自我与世界的联系。他自幼生长于江南，见惯了“十里红潮连翠岸”，见惯了“淡烟疏雨杏花天”，在宁古塔的23年，“冰与雪，周旋久”，断云、残日、月冷、笳寒，给他带来的视觉冲击和心灵激荡自然尤为强烈。

因为受到宁古塔巴海将军的赏识和礼遇，他还多次随军出征巡边，足迹踏遍辽西走廊、松辽平原、长白山、黑龙江中下游和绥芬河流域，最远达黑龙江入海口特林地区（今属俄罗斯）。这使他有机会体味底层士兵“犹着征衣更出边”的艰苦以及诸多将领“麾兵直度龙庭前”的卓绝，使他创作的视野得以丰富，同时也让我们看到了苍莽绵延的山峦、奔腾呼啸的江流、秋笳劲吹的军阵、暮云低垂的雄关。

吴兆骞以江南士子所特有的缜密心思，感受着铁马冰河的壮阔；以江南山水所孕育的绮丽文笔，刻画出绝域蛮荒的粗粝。一纸白卷，千里流徙宁古塔，“二十三年弃置身”，但他超越了环境所带来的局限，战胜了身世沉浮所伴随的迷惘，最终扼住了命运的咽喉。

辞官与登山

从人生旅途的后半程来看，姚鼐一定无悔于自己在乾隆三十九年（1774年）所作出的选择。紧接着他又迎来了生命中一个充满活力而多层面的时刻。表面看，两者只是时间上的一种简单承接，若往细里想，背后却还有更复杂的因果关联。

姚鼐自幼体弱，“有羸疾”，却矢志不渝，“千里飘飘向京洛”，一心想着要发扬桐城姚氏的盛德。18岁，中江南乡试，“意气颇纵横”。谁知，“纵横”没多久，又考了13年，直到第六次应礼部试才中第。如此“上下求索”，辛苦奔波，终于谋得官位，光耀门楣。先后由兵部、礼部主事，升任刑部郎中；由山东、湖南乡试副考官，升任礼部会试同考官；四库馆开，又被举荐为纂修官，成为非翰林而任纂修官的八人中的一个。此时，距离姚鼐入仕不足8年，正是青云有路之际，他竟然在乾隆三十九年（1774年），毅然辞去官职。

这一选择的背后，有着怎样的隐情？几百年来，众说纷纭。无论是“乞病归”，还是“以养亲去”，明面上的借口，都不可能是真正的原因。

进入中后期的乾隆对社会的控制越来越高压化，他提出了“大兴文治”的口号，圣明之治，“始之以武，终之以文”，并且集中财力物力大规模整理历史文献，营造博大恢宏的文治气象，来证明盛世“文治之极隆”。于是，在乾隆三十八年（1773年）二月，《四库全书》正式开始编修，鸿才硕学荟萃一堂，盛况空前。姚鼐能躬逢其盛，按说该格外荣耀才对，可实际上并非这样。

当时，乾隆对汉学推崇备至，庙堂列卿自然唯皇帝马首是瞻。乾隆的宠臣于敏中以大学士、军机大臣的身份，出任四库馆总裁。在学、政两届合力之下，一时汉学家荟萃于此。而姚鼐尊奉的却是以程（程颢、程颐），朱（朱熹）为代表的宋学。在他看来，圣人之学有大小精粗之别。宋学深契圣人之旨，有关身心、家国，得圣人为学之大、之精；汉学只关乎名物、制度、训诂，得圣人为学之小、之粗。在四库馆，姚鼐的见解，并没有获得认同。他写的书目被收入《四库全书总目》时，被总纂官纪晓岚删改得面目全非。另外，他的考据水准和辞章趣味也没有被肯定。

姚鼐曾直言：“大丈夫宁犯天下之所不韪，而不为吾心之所不安。”他自有一份傲然的风骨，“男儿非藤木，安得相附攀”。出生在“树德堂”的他，跻身官场，绝不是为了贪慕荣利，而是为了“度其志可行于时，其道可济于众”。子曰：“人能弘道，非道弘人。”既然在四库馆“力小而孤”，不能“弘道”，他自然也就萌生退意，“庶免耻辱之大咎已尔”。

再加上，姚鼐正处于一个文字狱盛行“有甚于秦”的专制时代，所谓“盛世”，不过是黑暗将临之前，夕阳返照大地的最后一抹余晖而已。他早嗅出了时代没落的气息。“人间得失争蜗角，末俗荣华看苇鸠”，在他眼中，官场就是如此腐朽、险恶，根本无法建功立业。主动辞官，是他洞察世情之后的理性选择，并非率性而为。

虽然如此，但那毕竟不是急流勇退，所以心情多少有些复杂：既有“旁观拥千百，拍手笑狂生”的洒脱，又有“单车十二月，自此将何征”的迷茫；既有“径辞五云双阙下，欲揽青天沧海流”的激昂，又有“自从通籍十年后，意兴直与庸人侔”的感伤。

辞官之后，姚鼐并未返乡，而是应挚友泰安知府朱孝纯之邀，登临泰山，“聊适幽怀”，与匍匐在天子脚下的那种卑微的生活拉开距离，力求活出一种高级感来。泰山，巍峨雄伟，号称“五岳独尊”，自古以来就被赋予了文化精神上的意义。而孔子“登东山而小鲁，登泰山而小天下”的心态，具有一种张扬意志的欲求，更成为生命精进的象征。

与圣贤不同的是，姚鼐此次登山，选择了一个特别的时间。他“自京师乘风雪，历齐河、长清，穿泰山西北谷，越长城之限，至于泰安”，迫切与期待之情，藏于字里行间。到达的那天是月丁未，十二月二十八。十二月为“腊月”，年岁之终。俗谚说最忙的日子就是秋收、麦口、腊月二十八九。鲁迅在小说《祝福》里有更为具体的描写：“家中却一律忙，都在准备着‘祝福’。这是鲁镇年终的大典，致敬尽礼，迎接福神，拜求来年一年中的好运气的。杀鸡，宰鹅，买猪肉，用心细细地洗，女人的臂膊都在水里浸得通红，有的还带着绞丝银镯子。煮熟之后，横七竖八地插些筷子在这类东西上，可就称为‘福礼’了，五更天陈列起来，并且点上香烛，恭请福神们来享用；拜的却只限于男人，拜完自然仍然是放爆竹。”这是自西周就代代相沿的腊祭传统，相信孔子应该不会选择这个时间舍下家人，跑去实现自己的“泰山之志”。

法国作家加缪说：“不要走在我后面，因为我可能不会引路；不要走在我前面，因为我可能不会跟随；请走在我的身边，做我的朋友。”从这个角度来看，姚鼐是幸运的，因为他身边有个叫朱孝纯的朋友，可以“抛家舍业”，陪他在寒冬腊月、雪冷冰封的时候，一起登泰山。整个泰山都透着肃杀，这是一个苍茫、严酷的世界。“四十五里，道皆砌石为磴，其级七千有余”，二人不惧“迷雾”，不畏“冰滑”，借助攀登，砥砺意志。经一番艰辛之后，姚鼐终于立身峰巅，游目骋怀，昂首天地，俯瞰“苍山负雪”，雪光映照天南。极目远眺夕阳投射下的城郭，“汶水、徂徕如画”，那山腰停留的云雾恍若飘带一般。景象绚丽多姿，氛围安宁静谧，攀登的辛苦也算得到慰藉。

第二天正是除夕，五更时分，姚鼐就与朱孝纯“坐日观亭，待日出”。这时，大风扬起积雪，击打在人的脸上。天冷风猎猎，这“待日出”的背后，却也有一种气定神闲、坚毅卓绝的风度。

紧接着，姚鼐便完全沉浸于日出的过程中，跟着日出的节奏观察、欣赏，觉知当下。李白唱《襄阳歌》：“清风明月不用一钱买。”姚鼐的日出，也是如此。他用自己的笔墨把这一瞬间变成永恒，“极天云一线异色，须臾成五采。日上，正赤如丹，下有红光，动摇承之”。这汹涌而出的红光，摇动着，充盈着生命的活力。真的是“此地尽能开眼界”，“眼界无穷世界宽”！

破晓的刹那，既是一天当中的辞旧迎新，也是年终岁尾的辞旧迎新，更是人生命途的辞旧迎新。他前半生的怀才不遇，在这一刻，获得了温暖与安顿。这是他一生中少有的充满活力的时刻。

登山归来的姚鼐，弃绝了仕途，没有了黄金屋，没有了车马簇，没有了千钟粟。一个人一旦决绝地跟自己前半生因循的生活撕裂，虽有脱胎换骨的难堪与阵痛，但更多的是能够开创新局面的海阔天空。之后40年，他栖身于东南书院，振兴和发展桐城古文，致力于文化教育和诗文创作，设帐授徒，弘扬理学，扩大影响，在另一个平台上实现了自我的人生价值。

枉抛心力做英雄

“小小的院落，疏疏的闲草闲花，清早带些微霜，好像一任晓风飐拂摇移，感慨有些别意，仿佛知道，这窗中人快要离他们远去万里了。”如此温婉细腻的文字，分明是20世纪30年代沈从文在北平四合院里据着红木小方桌写《边城》的风格。谁能想到它竟出自一位革命领袖的手笔，这个人就是瞿秋白。

缠绵缱绻与枪林弹雨纠缠在一起，文人走出书斋，用没有缚鸡之力的双手托起步枪，怎么看都不协调，就好像穿着戏袍唱摇滚，让人觉得滑稽。然而，在那个风雨如晦的年月，滑稽却成了一种壮烈。瞿秋白既可以在豆棚瓜架下听草虫的天籁，把诗情陶冶得曼妙如斯；也可以在双十节，不顾满城张灯结彩的喜庆，自提了盏写着“国丧”二字的灯笼来抗议袁世凯的专权。这夜色中的一抹红，摇曳着一个少年郎愤世嫉俗的肝胆热肠。瞿秋白正是怀着这样的一种壮烈，开始了自己的人生跋涉——从常州的觅渡桥出发，到武汉，到北平，到莫斯科，到上海，到瑞金，最后魂断长汀。

在最后关头，瞿秋白没有像文天祥那样吟唱“下则为河岳，上则为日星”的《正气歌》，也没有像方志敏那样用豪言写就《可爱的中国》，他反而拿起笔来剖析自己，敞开心扉，写下一篇有忏悔性质的《多余的话》。在这篇文字中，他把自己短暂的一生比作一出“滑稽剧”。

看这幕“滑稽剧”，细细想来，瞿秋白原本不该成为主角。1916年，他的母亲因不堪贫贱生活自杀，一家星散，饥寒再无人管。17岁的他只能另寻生路，想上北京大学研究中国文学，却无力承担学费；考公务员又落榜；万般无奈去了免费的俄文专修馆学习。他日夜苦读，每考必列前茅。因为懂俄文，1920年，他以北京《晨报》和上海《时事新报》特派记者的身份，前往莫斯科采访。一开始，他把革命后的俄国比作伯夷叔齐的首阳山，称之为“饿乡”，然而在目睹红色革命所带来的光明之后，他似乎也看到了中国的出路。因为懂俄文，他成为陈独秀的翻译，并获得其赏识，加入中国共产党。如果没有这次俄乡之旅，瞿秋白的人生恐怕就是另外一番模样了。

面对命运的吊

诡，我们常常感到无能为力，“天意从来高难问”。如果瞿秋白只是上海大学的教授，他依然可以听自己喜欢的小调唱词，西装革履地坐轿子，或是竖起衣领戴着墨镜到新世界听京韵大鼓；依然可以教女学生唱昆曲《牡丹亭》，并把花鸟画在绸布或棉布上，题写诗词；依然可以每天用五彩布纹纸给爱妻写诗写信寄托相思；依然可以专心致志地为鲁迅的杂文作序，给茅盾的小说建言。

他把自己看成是“一匹羸弱的马拖着几千斤的辎重车，走上险峻的山坡，一步步地往上爬，要往后退是不可能，再要往前去是实在不能胜任了”。疲乏时，他就会念着：“回‘家’去罢，回‘家’去罢！”可是“家”又在哪里呢？松江的鲈鱼、西乡的菘菜、常州红梅阁的翠竹野花、环溪的清流禾稼，只有在梦中去寻觅了。这些充满山林野趣的地方，也许才是文人最好的归宿。他临刑前留下“眼底云烟过尽时，正我逍遥处”的绝笔，放下了壮烈激昂，带着这份达观，他终于可以从容赴死。在青山如翠、芳草如茵的中山公园，瞿秋白饮酒至酣处，气定神闲地来到一块草坪上，盘腿坐定，微笑着对刽子手说：“此地很好！”饮弹洒血，年仅36岁。

瞿秋白在政治斗争的波涛里，浮沉跌宕，耗尽这一生最绮丽的光阴，动心起念，没有了着落，空留下狱中诗一首：“廿载浮沉万事空，年华似水水流东，枉抛心力做英雄。湖海栖迟芳草梦，江城辜负落花风，黄昏已近夕阳红。”从中我们能感受到在革命宏大叙事的背后，更有一股令人低回不已的凄怆深情。

一管笔

安庆城的迎江寺内有座振风塔，万里长江奔腾于其下，自1570年建成以来，文人墨客时常登临望远，“一览众山小”。到了1896年，这座塔忽然被当地百姓喊作“陈家祖坟前的一管笔”。那是因为这一年17岁的陈独秀在秀才考试中取得头名。捷报传来，他的母亲喜极而泣。儿子出人头地，对一个守寡15年的妇人来说，意味着从此她可以在陈家扬眉吐气。

虽然甲午海战，清朝丧师割地，但“功名”二字仍然蛊惑着攻读举业的人。他们甘心沉酣于南柯旧梦之中，在科场一次又一次经历着生命意志的大挫败，哪怕到“而发苍苍，而视茫茫，而齿牙动摇”，也不愿面对天光大亮的现实。20年后，已经是新文化旗手的陈独秀在与蒋梦麟谈及功名时说自己是八股秀才，而蒋只是策论秀才。19世纪末考八股中的秀才要比20世纪初考策论中的秀才值钱，所以蒋听后忙向陈深深作揖，连称“失敬，失敬，你是前辈老先生”。

在当时，他还来不及品咂成功的滋味，就已经坐上了驶向南京的航船。船头一条大书“奉旨江南乡试”的黄布旗，迎着长风，伴着他一路东下。1897年8月，陈独秀背了考篮、文具、干粮，竭尽平生气力，挤进考场。那一年秋老虎凶猛，天奇热。考头场时，他看见一位徐州的大胖子，大辫子盘在头顶，全身一丝不挂，脚踏一双破鞋，手捧试卷，来回走动，脑袋左右摇晃，拖长音发怪声念他的文章，念到得意处，用力把大腿一拍，跷起大拇指叫道：“好！今科必中！”大胖子动物式的表演，让陈独秀感到深深的悲哀。他沉于冥想，看到了科举制的灾难，从此“一管笔”也就不再写什么经义策论与八股文章了。

“少年心事当拿云”，陈独秀最初也做过英雄梦，渴望自己能像日本军事家西乡隆盛那样，在乱世中手提一剑，勇往直前。然而，血染的风采到底没有披在他的肩头；“笔底寒潮撼星斗”才是“一管笔”的本色。

《新青年》就像是陈独秀用“一管笔”造的一座桥。整整一代青年，跳出封建纲常的桎梏，从这座桥上走过。毛泽东在接受《西行漫记》作者斯诺的采访时说，是《新青年》改变了他的人生取向，而对他影响最大的人自然就是陈独秀了。

上初中时，我们包场看了部电影叫《开天辟地》，里面有个镜头至今难忘。1919年6月11日，陈独秀散发《北京市民宣言》时被捕，他冲着军警喊：“你敢抓我？我是北大文科学长，《新青年》主编陈独秀。”军警二话不说打了他一巴掌，说：“什么新青年，让你尝尝老青年的厉害。”陈独秀使劲地甩开被扭的胳膊，

“啪”，回敬了对方一记响亮的耳光：“让你知道新青年的厉害！”他的手还没落下，影院里顿时掌声雷动，我们一群十几岁的孩子为陈独秀的英风傲骨所感奋。

陈独秀就是这么一个人，像“一管笔”，像“直折剑”，刚直而少迂回。他小时候背不下书，无论祖父怎样打都默不作声，以至把祖父气得怒目切齿，骂道：“这个小东西将来长大成人，必定是一个杀人不眨眼的凶恶强盗，真是家门不幸！”陈独秀虽然没有成为强盗，却成了更令当权者生畏的中国的盗火者普罗米修斯。为此，他一生尝尽牢狱之灾。

1932年10月，陈独秀在上海被捕，震惊全国，引起蒋介石的重视。国民党的强硬派喊杀之声不绝于耳。在押赴南京的火车上，陈独秀竟然还能呼呼酣睡。在蒋介石的授意下，军政部长何应钦审讯了他。何走后，看守的下级军官围住陈独秀索要墨宝，陈恰到好处地题了孔子的名句：“三军可夺帅也，匹夫不可夺志也。”然而官方的传讯毕竟有别于艺苑的联欢，对陈独秀的公审随即展开。

既然是公审，便多了透明度，陈独秀于是成为舆论关注的焦点。开庭首日，据当时媒体报道他两鬓已斑白，须长寸许，但面色红润，四周顾盼自如。最精彩的是第三次庭审，因有公开辩论，旁听者座无虚席。陈独秀视死如归的气概，丝毫不逊于“国会纵火案”中在纳粹法庭上的季米特洛夫。他的抗辩简直就是一篇气壮山河的演说。在法庭上，面对“危害民国”等控罪，他指责国民党“竭全国人民脂膏以养兵，拥全国军队以搜刮人民，杀戮异己”。

陈独秀的辩护律师章士钊本想为他争取从轻发落，但陈独秀却并不领情，反而说：“章律师之辩护，全系个人之意见，至本人之政治主张，应以本人文件为根据。”他还庄严表态：“今者国民党政府因予始终尽瘁于革命之故，而加以逮捕，并令其检察官向法院控予以‘危害民国’及‘叛国’之罪，予不但绝对不能承认，而且政府之所控者，恰恰与予所思所行者相反……若于强权之外，复假所谓法律以入人罪，诬予以‘叛国’及‘危害民国’；则予一分钟呼吸未停，亦必高声抗议！”

苏轼说：“天下有大勇者，卒然临之而不惊，无故加之而不

怒，此其所挟持者甚大，而其志甚远也。”陈独秀的大勇在1933年中国的法庭史上留下了光彩照人的一笔。唇枪舌剑抵挡不了独裁政治，陈独秀最终被判入狱8年。

1937年8月日寇轰炸南京，陈独秀所在监狱也挨了炸弹，于是他被提前释放。晚年的陈独秀寄居于四川江津的乡郊野陌，脱离了政治的旋涡，激昂青云的往事都付与苍烟落照，但几杵疏钟、半江渔火，并不能洗尽他昨日的残梦。一枕清霜过后，“一管笔”又不甘寂寞地舞动起来。“此骨非饥寒所困，一身为人类之桥”，没有枪杆子的陈独秀，继续用“一管笔”来造桥，笔下没有了火气、“狂气”、英雄气，多了几分“老病干戈”的悲慨之气。1942年5月27日晚9时40分，陈独秀溘然长逝，他的遗著——研究中国文字的《小学识字教本》，最后写到的字竟然是“抛”。

英雄的愤恨

那里的草原大野，有过匈奴的奔驰，有过契丹的射猎，有过蒙古的呐喊，有过满族的厮杀。那块土地，孕育了太多的豪勇、太多的粗犷、太多的强悍。然而，20世纪30年代初，历史在战栗之后，白的山、黑的水、黄的风，都被搅得不安生了。似乎所有的王气与霸气都黯然消散，只剩下一座屈辱与悲壮交织下的舞台，然后是比冬天还漫长的死寂。

1932年秋，一个27岁的年轻人从十里洋场的白色恐怖中来到了那个血红雪白的世界。在凄冷的背景里，他登上了舞台，心中燃烧着一轮太阳。“我们是东北抗日联合军，创造出联合军的第一路军。乒乓的冲锋杀敌缴械声，那就是革命胜利的铁证。”铿锵豪迈的军歌，仿佛强劲的鼓点，打破了那里的死寂，也搅动着日寇的神经。

杨靖宇小眼睛、八字胡、瘦脸形，却令日寇胆寒、色变，以至牺牲后，敌人过了好久才敢向他靠近，甚至不敢相信这是真的。他带领3000多人的队伍，在没有外援和重武器的情况下，面对70万关东军，不曾后退一步。冰天雪地处处留下了他们与敌人周旋的身影，他们一直坚持了7年多。1935年6月30日巴黎的《救国时报》说："他深受人民的爱戴，东北人民把他看作有能力、有希望、能收复失地的民族英雄。"曾任抗联第一路军六师师长的金日成，多年后回忆说："这是困难时刻相逢……杨靖宇那双炯炯有神的大眼睛，一眼就吸引了我。我一看杨靖宇的眼睛，就知道他是一个忠厚而热情的好汉。"让我们痛心的是，好汉不能永远冲锋在人生舞台上，大幕还是被迫落下了。

1940年2月22日，连着七天粒米未进的杨靖宇在山上的空窝棚里度过了人生最后一个夜晚。恰逢元宵佳节，他在密林中忙着跟敌人较量，早就"寒尽不知年"了，那远在河南的父母与妻儿定会念叨起他这个多年未归也永远不会归来的远游人。不过，在零下42度的雪夜，浓霜寒露浸湿了他的棉裤；棉鞋也烂成一团，靠根绳子捆着才没散架；脚更是冻坏了，身上还发着高烧。

他绝没想到第二天上午，自己会遇到四个上山打柴的农民。出于信任，他花钱委托这四个人为自己买些食物和一双棉鞋。结果食物和棉鞋没有盼来，等待他的却是自1939年11月22日以来与敌人的第55次交火。他只身一人，强忍着饥饿与伤痛，在左腕中弹一支手枪落地后，仍以右手持驳壳枪应战。

敌人越来越近，连呼哧呼哧的喘气声都听得到。突然有个穿黄大衣的大声喊话："杨靖宇你还是降了吧！"那熟悉的中国话蓦地传出，杨靖宇怔了一下，他立刻意识到原来又是个汉奸。随后气得浑身直抖，愤愤地说："这些天遇上的怎么都是这号中国人?!"

鬼子的喘息声、叛徒的劝降声、英雄的愤恨声，弥漫在那一刻寒冷渗凉的空气里，异常凝重，凝重得让人透不过气来。他感觉耳朵失去了听力，视线变得模糊。劝降换来的是一颗又一颗更为决绝的子弹。于是日酋岸谷一声令下："打死他！"机枪手随即扣动扳机，一个点射，正中杨靖宇的胸膛。据说枪手是个叫张奚若的叛徒。英雄倒在了一棵枝叶长青的美人松旁，淋漓的鲜血滴在了没膝的雪地上。他的右手也垂了下来。这只手曾翻过圣贤书，也曾提笔创作过昂扬的军歌，但它终究没有像文学青年那样只写写风花雪月秋水文章，反而抄起了驳壳枪，在火光血色中铸就了自己将帅军魂的英雄面容。他没有在最后时刻为保全性命而退入苏联或是藏身于长白山深处。"我们是东北抗日联军，你跑到苏联去还叫什么抗日联军？抗联是打鬼子的，就得坚持战斗”，“抗日抗日，你走了还叫什么抗日，你到长白山里猫起来，这叫什么抗日！”他把自己的狂野与血性张扬到了极致。他满腔激荡的是爱山川、爱河流、爱与自己血肉相连的同胞的痴情。

杨靖宇牺牲后，关东军的士兵用木杠子扎成担架，把他抬下山。尸身被运回蒙江县城，头颅被叛徒张奚若铡下，装入木盒送往伪满首都新京；最后放进防腐液里，被保存在伪满军政部内。敌人以为杀了杨靖宇并控制了他的头颅，整个东北抗联就会瓦解。遵照关东军司令部的命令，县医院的院长还切开了杨靖宇的腹腔——严密封锁了几个月，冰天雪地，弹尽粮绝，抗联的将士到底吃什么过活呢？敌人在英雄的胃里见到的只有不能消化的草根、树皮和棉絮，在场的中国护士禁不住流下了热泪。

古文里的新知

从“楚王伐陈”说开去

《吕氏春秋》中有这样一个故事：楚庄王想要讨伐陈国，派使者去侦察。使者发现陈国“城郭高，沟洫深，蓄积多也”，认为“不可伐”。楚国的大夫宁国则认为“陈可伐”，依据是“夫陈，小国也，而蓄积多，赋敛重也，则民怨上矣。城郭高，沟洫深，则民力疲矣”。楚庄王听取了宁国的意见，最终攻取陈国。

《左传》有言：“国之大事，在祀与戎。”战争不是儿戏。楚庄王在决策之前，先派人实地调查，搜集信息，这自然是非常必要的。不过，使者的调查，肯定不会像甲午海战之前的日本人那样，打扮成乞丐沿途乞讨，一来可以省钱，二来可以接地气观察民情。他们的工作极为详尽：从渤海直到山东下来的海岸线，不仅用铅垂线测量了一遍，画了海图，还把每个村庄有多少人、几口水井都调查得一清二楚。

楚庄王的使者，查清了城墙的厚度、护城河的深度、军粮的储量，论起精细来，跟日本人比，相去不可以道里计，但至少也算不辱使命。使者根据自己的调查作出“陈不可伐”的判断。这是一种习惯性思维，被问题和困难局限住了，不敢突破。楚庄王并没有轻易肯定或否定，而是在朝堂上进行了讨论。

美国思想家斯坦利·阿诺德说：“每一个问题都隐含解决的种子。”这句话强调了一个重要的事实，那就是每个问题内都有解决之道。宁臣对信息进行了精确、细致的分析，开动思维，切换思路，这是一种批判性的思考，可以很好地透过现象去揭示本质。

当然，这个故事最有意思的地方，还不仅仅体现在这里，更值得玩味的是，“城郭高，沟洫深，蓄积多”，这原本就是一个国家安全保障的需要，为什么会招致陈国百姓的怨恨呢？难道他们是想尝一尝亡国奴的滋味？在《烛之武退秦师》中，面对秦晋大军压境的局势，郑文公劝烛之武为国效力时，不正是提醒对方“然郑亡，子亦有不利焉”，最后烛之武才临危受命的吗？

莫非陈国真的是陈独秀所说的那种“恶国家”，不能保障百姓的权利和幸福，“存之无所荣，亡之无所惜”。如此看来，我们就不能一味地指责陈国百姓觉悟太低。他们也许早就见惯了“城头变幻大王旗”，无论当政的是哪个国家的大王，他们一样面朝黄土背朝天，一样交粮纳税，一样筑城挖河。古代所谓国家，本质上就是“朕”的私产，不要说那些故土未曾离过半步的底层农民，就算是知书识礼如烛之武这样的人，又何曾真正当过自己的家？

即便想当这个家，统治者也不会放心更不会放手。南宋小王朝被蒙古侵犯时，死到临头，还紧抓王权，对民间抗战，种种阻挠。文天祥上书请求朝廷，让百姓抗战；朝廷偏就不赞同，国可以亡，但王权不能丢。

《管子》云：“民，利之则来，害之则去。民之从处也，如水之走下，于四方无择也。”所以谁让陈国的百姓有饭吃，他们就会给谁烧香，不会在意其他。现代国家是建立在国民认同基础上的政治文化共同体。百姓如果在这个国家受尽盘剥和屈辱，自然就不会有这种认同，面对侵略，自然也就不会遵从卢梭所讲的那个维系着这个共同体的公共意志，“把自己全部地奉献出来”，“捐躯赴国难，视死忽如归”。

陈国本就不大，而且春秋时期战争的烈度和规模都是有限的。据《左传》记载，楚庄王虽然灭了陈国，但后来出于政治上的考虑，又帮他们复了国。其实，就算故事里的宁臣误判，陈国面对讨伐上下一心，同仇敌忾，以当时楚国的国力，相信陈最终覆灭的命运是不会有任何逆转的。

只不过，我们还是想看到觉醒的人们，怀抱“不自由，毋宁死”的意志，杀他个“一朝天昏风雨恶”，用难凉的热血，为国家为民族为自己，书写一段传奇，说什么也不能让“正气扫地山河羞”。

他是如何树立权威的

美国资深演员罗伯特·扬在一段广告片中，告诫大家当心咖啡因的危害，并推荐了不含咖啡因的桑卡牌咖啡。这段广告让桑卡咖啡成为畅销产品。之所以能达到如此奇效，是因为罗伯特·扬在电视剧《仁心仁术》中演过医生，在公众心目中，他跟扮演的角色是紧密联系的。他只是演过医生，只是看起来像权威，就已经有这么大的影响力来左右公众地选择了。那些真正的权威就更不用说了。2000多年前古罗马诗人维吉尔就曾说过："走吧，跟着权威！"当然，要想成为权威，需要有持续不断的付出和行之有效的努力，这不是一朝一夕就可以实现的。而有的时候，事出紧急，借助头衔，也可以触发人们顺从的态度，但能不能真正收拢人心，恐怕还得借助其他手段。

春秋时期，"晋伐阿、甄，而燕侵河上，齐师败绩"。对齐国来说，真的是军情急如火，国相晏婴向齐景公推荐田穰苴，赞他"文能附众，武能威敌"，让他临危受命。田氏原本是陈国的贵族，因政治避难才来到齐国，作为外来户，还没有很深的根基。

而田穰苴更只是田氏家族的支脉，虽说精通军事，但未有过领兵作战的经历和战绩。三军统帅这一头衔，不是他上刀山下火海拼杀来的，而是君王的授权。

田穰苴很清楚，自己所欠缺的，正是他本人的权威度，“素卑贱，君擢之闾伍之中，加之大夫之上，士卒未附，百姓不信，人微权轻”。于是，田穰苴主动提出“愿得君之宠臣，国之所尊，以监军，乃可”。

监军，是临时差遣，代表君王协理军务、督察将帅的。无论是粮草调配、运输补给，还是赏罚奖惩、战略布局，他都有权干预。相信没有哪个将帅，真心愿意身边有个监军，与自己分庭抗礼，构成牵制。田穰苴主动请求齐威王派宠臣来军中坐镇，他这样做，一来可以让齐景公安排个眼线，放下戒心，二来可以增加本人的权威，不过，增加的手段却让我们感到意外。

田穰苴想得如此周到，齐景公自然没有二话可说，于是派庄贾去当监军。庄贾是齐景公最宠信的人，骄慢得很，向来不把朝中大臣放在眼里。田穰苴跟他约好，第二天正午时分在军门外会合，然后随军开拔。

田穰苴率先疾驰到军中，开始计时，等待庄贾。当时，计时有两种方式：一是立表，在空地处竖一个标杆，根据日影长短来计时；二是下漏，用漏壶，根据漏水的量度来计时。两种方式并用，自然是为了提高精确程度。约好见面时间，耐心等待就行，田穰苴却如此大张旗鼓，让人不得不怀疑他的用心。

庄贾身为宠臣，原本就骄贵，这次掌兵出征，更是有了生杀予夺的大权。亲朋僚属，为他送行，没有诗人的《祝酒歌》，但“斟满酒，高举杯”的豪情还是会在胸中激荡。至于大伙会不会“千杯不醉”，我们不得而知，只知道他没有如约而至。正午一过，田穰苴就立刻命人将标杆放倒，将漏壶撤掉，然后开始对全军将士进行思想教育，申明纪律，相信他一定提到了自己与庄贾的“日中”之约。

这个时候，如果军情真的紧急到一刻也不能延误的话，那么田穰苴就该顾全大局，立即动身，安排相关人员留守，等待庄贾。况且庄贾轻车简从，想追上大军也是完全可以做到的。

然而，田穰苴却选择了苦苦等待，直到太阳落山，才等来庄贾。他质问庄贾为什么这么晚，庄贾赶紧认错，把送行的实情说出，没有半点隐瞒。

人类是情境性动物，不同的社会情境对于人行为的制约与影响是大不一样的。军营，这样一个场合，本身就具备约束人言行的力量。所以面对田穰苴的质问，一向高高在上的庄贾，也不得不低头。

田穰苴从质问那一刻开始，就已经不准备给庄贾乃至自己留后路。像庄贾这样的宠臣，一张利嘴可以翻云覆雨，一旦得罪，就没有回头的余地。于是，田穰苴慷慨陈词：“将受命之日则忘其家，临军约束则忘其亲，援枹鼓之急则忘其身。今敌国深侵，邦内骚动，士卒暴露于境，君寝不安席，食不甘味，百姓之命皆悬于君，何谓相送乎！”这番话，有情绪，有画面，有忠君的高度，有爱民的温度，肯定是当着三军将士的面说的，不然就失去了意义。如果对着庄贾一个人，他哪里还用得着如此渲染，估计，庄贾也静不下心来认真听。

从之前的思想教育，到此刻的当众宣讲，一切水到渠成。田穰苴已经有完全的把握，来取庄贾的项上人头。他叫来负责执行军法的军正，问对迟到者该如何处置。军正回答“当斩”。

“庄贾惧，使人驰报景公，请救”，结果等使者拿着节杖（代表齐景公亲临）赶到时，庄贾空留下的那一对恨眼，早已随着人头被挂在军门示众。他也许会恨齐景公为什么派自己当监军，他也许会恨田穰苴在约定的时候为什么不强调一下迟到的后果，但这一切都来不及了。

齐景公的使者，还以为来得及，他应该是没有看到人头，依旧向田穰苴传达了赦令，田穰苴回了一句“将在军，君令有所不

受”，如金石，掷地有声。同时，他还意犹未尽，严肃地问军正使者在军营纵马奔驰，该如何处置。军正继续回答“当斩”。

看到使者面无人色，田穰苴这才缓缓地说：“国君的使者不能斩首。”于是斩杀使者的仆从，砍断左边的夹车木，杀掉左边驾车的马，再一次向三军巡行示众。

这是一个多么令人震撼的下午，田穰苴借两颗头颅，通过极其强悍的手段，迅速地树立起自己的绝对权威，令三军战栗。后来，田穰苴的远方亲戚孙武，为吴王阖闾练娘子军，想练出“飒爽英姿五尺枪”的效果，他也是借助吴王两名宠妃的头颅来立威的。美人淋漓的鲜血，涂抹成《孙子兵法》最初的篇章。现在想一想，田穰苴最初让齐景公派个监军来，真是用心良苦啊！

当然，立威，不能光靠杀人，还要学会关心人。田穰苴对士兵非常友好，亲自探问疾病，安排医药，还把将军专用的物资全拿出来款待士兵，跟他们平分粮食。拿破仑也是这样，在征战期间，经常和士兵一起用午餐。如果偶遇伤员，他还会上前探问情况，好言安慰，或者请他们分享战利品，甚至经常把自己桌上的葡萄酒送给距离最近的哨兵。

权威树立起来之后，大大地提高了军队的战斗力和凝聚力，也有效地震慑了强敌。晋国、燕国纷纷撤军，田穰苴率领齐军趁势追击，收复领土，奏凯而归。如果庄贾能够遵守时间，那么胜利的荣耀会不会迟到？也许田穰苴早就算准了这一点，否则，他就不会请求齐景公派监军了。

申鸣的选择

楚国人申鸣，只是在家奉养父亲，不知怎么就感动了楚王。楚王想请他入朝做宰相，通过这样的一种表彰，来淳化风俗。孝顺是私人领域的责任和行为，是人性最自然的发展，现在竟成了入仕的跳板。申鸣自然不能接受。奉养父亲，原本就不是为了当官，更何况，一旦辅佐君王，就要远离父亲，“孝子”的美名，岂不成了赤裸裸的讽刺。

申鸣必须拒绝。做父亲的似乎感觉到了儿子的为难，就劝他去造福国家，在朝堂上有了地位，自己愉快也能让父亲老怀安慰！明朝的徐霞客，想漫游天下，但又不放心母亲。最后还是母亲鼓励他：“男儿志在四方，当往天地间一展胸怀。”为人父母，恐怕没有几个希望自己的孩子守着竹篱茅舍，“老死于牖户之下”。谨守父母的教诲，努力做个好男儿，用孟子的话说，这叫“养志”，就是让父母的心意可以继续实现。

孔子曾感叹，“所求乎子以事父，未能也；所求乎臣以事君，未能也”。他幼年丧父，年轻时只当过小吏，既没有孝顺父亲，也没有侍奉国君。而申鸣却大不一样，他为君王效力的同时，也顺从了父亲的意志。真可谓“忠孝两不渝”！当他接受楚王任命的那一刻，想到父亲满脸的欣慰，或许，能感觉到有一种光明照进来。如果可以定格的话，他一定会按“停”，然后慢慢欣赏这一幕场景。

当然，这样的高峰经验，只能用来回味。生命的展开，还需要更加切实的努力。有了楚王的期许和父亲的支持，申鸣开始塑造一个全新的自我。黑格尔在《美学》中提到一个小男孩，说他把石头抛向河里，以惊奇的神色去看水中所现的圆圈，觉得这是一个作品，在这个作品中他看出自己活动的结果。那个不断外扩的水圈，就是他力量的延伸和体现。扔石子这么一个简单的动作，既调动了他体内的活力，也提高了他的观察力和感受力。而处理政务，要比扔石子复杂得多，在这个过程中，申鸣生长出另

一种不同的人性。经过三年的历练，他变得开阔深沉，逐渐成为楚王信任和倚重的人。

于是，当国家发生战乱的时候，申鸣被楚王派到前线。君“不见沙场征战苦”，可申鸣的父亲不能不见。清末民族英雄左宝贵即将赶赴平壤与倭寇决一死战时，跟母亲辞行，母亲没有“牵衣顿足拦道哭”，只是说了句：“汝行矣。”申鸣的父亲却一点都不深明大义。他一改当初让儿子“造福国家”的勉励，毫不掩饰内心对儿子的不舍，质问儿子：“丢下父亲，自己去牺牲，可以吗？”申鸣回应说：“做官的人，身体归人主所有，而俸禄送给双亲，现在既然抛开人子的身份而去侍奉人主，难道不应该为他牺牲吗？”

当申鸣说出这番话的时候，我们可以明显感觉到他的成长。原先，他只是被动地去面对世界，而此刻，他却能主动地参与和承担。战乱当前，他表现出了应有的无畏和坚强。

虽然，申鸣选择了“捐躯赴国难”，但在“至孝”这一名声的笼罩下，对父亲的在意，到底还是成了他的软肋。叛乱者抓住了这一点，绑架了他的父亲，企图逼迫他就范。要么反戈一击，保全父亲；要么围攻到底，眼睁睁看着父亲丧命。很多警匪片中，也有类似的桥段。好在电影会虚构一个有惊无险的大团圆，而申鸣的故事却充满了悲情。他流着眼泪，作出了“全忠不全孝”的选择，拿起鼓槌来击鼓。相信，每一个听着鼓声、踏着鼓点、呐喊前进的将士，必定都怀着满腔的愤怒与仇恨。

在叛乱被快速平定的同时，申鸣的父亲也一定会死得很惨。申鸣的人性在父亲横死的那一刻所面临的残酷和撕裂程度，只有他自己知道。他为楚王收复了国土，可是谁又来为他重整心灵的山河！

获胜之后，楚王赏赐给申鸣一百金，倒像是在提醒他，要继续“食君之禄，担君之忧”。申鸣说自己吃人主的饭，就不能躲避人主的难，但为了安定人主的政权，却导致父亲被害。他凭借孝行建立的名声，已经失去支撑。

虽说这样的局面已无法逆转，但申鸣还是没有能够调整心态，要么以造福国家、效忠楚王的立场重新审视自己的所作所为，继续接受使命的召唤，要么通过书写或倾诉给自己腾挪出一个表达悔恨的空间。他反倒深陷于自责的旋涡，受困于“名不可两立，行不可两全”的执念。他带着强烈的罪感，不断地在想象中用别人的眼光看自己，面对如此无解的难题，最终以自杀来逃离，这背后“可能包含着他的伦理选择和反思”。

智伯的“舍不得”

经过200多年的倾轧争斗，韩、赵、魏，以及实力更强的智氏家族，在晋国的政治舞台上胜出，开始了又一轮更为残酷的淘汰赛。

智氏家族的宗主被称为智伯，他仗着势力大，就很强横地朝其他三家要地盘。这完全是黑社会的做派。原本靠礼、名、分这样的文明来维系的社会，重回弱肉强食的丛林法则中去了。韩、魏两家，一个静观其变，盼着有人出头，一个想看智伯如何“多行不义必自毙”，总之都乖乖地给了。唯独赵家的宗主赵襄子，坚决不给。

自古以来都是“枪打出头鸟”，尤其是在其他两家屈服的情况下，智伯必须要严惩不听话的人，来确立自己的霸权。结果没有什么悬念，赵襄子败退到晋阳，那是他们家族兴起的地方，有坚实的民意基础。

智伯挟持韩、魏一同随军，包围晋阳，“决晋水而灌之”。整整三年，“晋阳城下碧波深”，军民无奈，只好在树上搭巢居住，挂起锅来煮饭，眼瞅着家国两难全；但赵襄子并没有绝望，他派人去联络韩、魏两家。使者张孟谈不负所托，用“唇亡齿寒”的道理，成功地劝说韩、魏临阵倒戈，最终，三家联手，一举歼灭智伯。

其实，在三家联手之前的那个夜晚，智伯仍有机会翻盘。那天夜里，张孟谈出军门时遇见智伯的大臣智过。智过发现他神情傲慢、趾高气扬，立刻进去拜见智伯，明言韩、魏二主必将叛变，建议赶紧除掉他们。智伯不信，觉得自己已和韩、魏订立盟约，消灭赵氏，三家将瓜分其地，在即将获胜的情况下，对方怎么可能又生外心。

看到智伯不愿除掉对方，于是，智过又建议和他们搞好关系，具体办法就是亲近魏宣子的谋臣赵葭和韩康子的谋臣段规，这是两个能改变国君计谋的人，不妨跟他们约定，灭赵后，给二人各封一个万户的县邑。这样，韩、魏二主不叛变，智伯也就能够得到自己想要的一切。一听还要封赏韩、魏谋臣一人一个万户的县邑，智伯舍不得。

舍不得这种思维。过于重视当下看得见的收益，而对长远的、抽象的、需要付出一定代价的收益心怀警惕。道光皇帝在建自己的陵寝时，因给的银子太少，导致严重的质量问题，最后不得不返工，两建一拆，反而成了清代帝陵中耗资最多的。为了省钱，他还挖空心思想撤掉驻守新疆的军队。道光皇帝高居九重之上，但缺少大格局，最终误了国。而智伯岂止误国，连自己的颅骨都沦为赵襄子的夜壶。

在《资治通鉴》中，司马光认为智伯败在无德，而所谓的“无德”则表现在傲慢和贪婪上。如果跟秦王嬴政相比，智伯可以说是“小巫见大巫”。后者的傲慢和贪婪，已经达到了那个时代的巅峰，吞并六国，统一天下，成为“始皇帝”，让继承者只能“以计数，二世三世至于万世，传之无穷”。大梁人尉缭建议嬴政“勿爱财物”，贿赂六国豪臣，让他们利用自己的“败事”的长处，扰乱本国的政事。这个时候，嬴政并没有像智伯那样“舍不得”，没有被自己的贪欲所裹挟，他不但听从尉缭的计策，而且“衣服食饮与缭同”。他知道贿赂六国豪臣，就好比在垒砖墙，最终要用的是砖墙之间的那个空间。

不要“舍不得”，才是成功的关键。单凭这一点，嬴政不知道要比智伯强多少倍！真正有大格局的人，懂得观星辰来辨南北，不会随萤火去逐东西。

苏秦是如何破局的

德国作家赫尔曼·黑塞在小说《在轮下》写道："面对呼啸而至的时代车轮，我们必须加速奔跑。有时会力不从心，有时会浮躁焦虑，但必须适应。它可以轻易地将每一个落伍的个体远远抛下，碾作尘土，且不偿命。"战国时的苏秦，无疑就是一个加速奔跑而不愿被时代车轮碾作尘土的人。他出身贫寒，自称"东周之鄙人"，住的地方非常原生态，以桑条做门扇，用树枝当门轴。他为了突破阶层的局限，拜鬼谷子为师。学成之后，踏上征途。

当然，苏秦的征途不是什么星辰大海，而是山川关塞。他决定用连横之术去游说秦惠王。从家乡洛阳到咸阳，千里长路风烟弥漫又迷眼，他只能像成龙歌里唱的那样"拍拍身上的灰尘，振作疲惫的精神。远方也许尽是坎坷路，也许要孤孤单单走一程……但有豪情壮志在我胸"。

怀着壮志，苏秦见到秦惠王，施展滔滔辩才，先言地利，"西有巴、蜀、汉中之利，北有胡貉、代马之用，南有巫山、黔中之限，东有崤、函之固。田肥美，民殷富，战车万乘，奋击百万，沃野千里，蓄积饶多，地势形便。此所谓‘天府’，天下之雄国也”。再谈人和，“以大王之贤，士民之众，车骑之用，兵法之教，可以并诸侯，吞天下，称帝而治”。然而，他引古论今的说辞，并没有打动秦惠王，对方以“毛羽不丰满者不可以高飞”给苏秦放的这把猛火浇下一瓢冷水。

壮志不怕消磨，自然也不怕冷水，苏秦不气馁，反复上书十次，却赶上秦惠王诛杀商鞅，对游士抱有恶意，这样的时与势，最终让苏秦落得个“资用乏绝”的局面，无奈之下“去秦而归”。古人讲:“独骑瘦马取长途。”马虽瘦，却可助脚力，而落魄的苏秦却只能打着绑腿步行，一路的艰辛可想而知。他背着书箱，挑着行李，黧黑的脸庞上还挂着羞愧。

苏秦可以像陶渊明那样“悟已往之不谏，知来者之可追”，但等待他的却不是“僮仆欢迎，稚子候门”的热情，而是“妻不下纴，嫂不为炊。父母不与言”的冷漠。真的如泰戈尔所说“世界以痛吻我”，苏秦没能潇洒地“报之以歌”，只好喟然长叹。

加速奔跑，结果又退回原地，面对人生的困局，苏秦除了有点内疚之外，并没有产生焦虑、自卑、闭锁的心理。他唯一能做的就是开启自己的破局之路，首先是对失败作出正确的归因，“是皆秦之罪也”，然后用积极的行动来改变自己的状态，“乃夜发书，陈箧数十”。

进入状态之后，苏秦带着问题，着手从几十箱书里，寻找和辨别知识的源头。虽然今天我们已经无法获知他所找到的《太公阴符》是本怎样的书，但可以肯定的是，这本书里一定有他所需要的知识，一定有能让他大开脑洞的内容，他“伏而诵之，简练以为揣摩”。他不断地用“说人主，出其金玉锦绣，取卿相之尊”这样的目标作为导向，引领和激励自己，用当初的失败作为反馈，匡正和提升自己。

读书至深夜时，在微明的屋子里，他或许会跟鲁迅先生一样“大略一看，熟识的墙壁，壁端的棱线，熟识的书堆”，哪怕也会想到“外面的进行着的夜，无穷的远方，无数的人们”，都和自己有关，也还是忍不住“又坠入了睡眠”。怎么办？来吧，“引锥自刺其股，血流至足”。血未必能流太多，但这夜深屋内的一脚血，也足以令人警醒！于是，他完全可以超越鲁迅先生，消除了睡意，感受到“我存在着，我在生活，我将生活下去，我开始觉得自己更切实了，我有动作的欲望”。

王家卫的电影《一代宗师》里，把高手之路分成三个阶段：见自己、见天地和见众生。其实，苏秦所谓的破局，也可以看作高手的进阶之路。他先是通过实践了解自己的优势和局限，再经过持续不断的努力，走出舒适区，提升自己的能力。然后，带着这些对自己的理解，再次踏上征途，通过对战国趋势的精准把握，他从北向南，挨个游说六国的君王，把他们煽动得热血澎湃，成立联盟，自己则挂六国相印，出行时车辆浩浩荡荡。一个“东周之鄙人”，实现了自己人生的最大可能，返乡时，吓得周显王都派人为他净水泼街。马斯洛说，如果你总是想方设法掩盖自己本有的光辉，那么你的未来肯定是黯然无光的。

苏秦用自己“本有的光辉”，为那个“众士如云唱大风”的时代增添了异彩，推动了历史的车轮。至于，作为破局的高手，他是不是到了“见众生”的阶段，是不是将自己的学识韬略用在了帮助世人方面，是不是具备了一代宗师的气度，我想这些问题就留待大家见仁见智吧！

孔融的伏笔

孔融10岁那年，随父亲来到京师洛阳。也许在家乡曲阜时，他的父亲会像《天堂电影院》里的阿尔弗雷多那样，教导儿子，“不要老在这里待着，日子久了，你会认为这里就是世界的中心”。

那时，洛阳城名望最高的人当数河南尹李膺，他曾被3万太学生誉为“天下楷模”。但凡听到他的名字，人们都会不假思索地认知并接受他的价值，觉得他的府邸简直称得上“世界的中心”。谁能到他的家里做客，受到他的赏识，那就好比鲤鱼跃龙门。

然而，李膺可不像民国的胡适，随便就让人登门拜访，让人四处传扬“我的朋友胡适之”。为了避免打扰，他吩咐守门的小吏，“自非当世名人及与通家”，就不必传报。所谓“通家”，指的是彼此世代交情深厚，情同一家。

估计，孔融在来之前，就已经想好了由头。作为孔子的第20代孙，他以当年孔子向同样姓李的老子拜师求教来证明，两家世代交好，既言明不凡的出身，也给李膺的脸上贴了金。套近乎的话，经由一个10岁的孩童说出，非但不肉麻，反而多出几分喜感与机智。这让李膺和众宾客都感到很惊奇。面对一个孩童，如果较真的话，有失身份不说，还显得自己狭隘，更何况，孔子不也说："后生可畏，焉知来者不如今也。"我们为什么不能以欣赏的眼光，来看待一个未来充满无限可能的孩童呢？

可是并非所有的人都会这么想。晚来的太中大夫陈韪，在听完众人的讲述后，说："小时了了，大未必佳。"这话虽然有些煞风景，但细想想，也没什么错。孔子早就讲过："苗而不秀者有矣夫；秀而不实者有矣夫！"庄稼出了苗而不能吐穗开花的情况是有的；吐穗开花而不结果的情况也有。一个人的成才远比庄稼开花结果复杂得多。这天时地利人和，一样都不能缺。

1921年，斯坦福大学心理学教授刘易斯·特曼开始研究天才人物的成长历程，在经过大规模的调查之后，从25万中小学生里挑出1470个智商在140到200的孩子作为研究对象，跟踪、测试、测量、分析他们的人生经历。终于，等到“花开日”，这些处于智力金字塔尖上的“小时了了”者，大多数人并没有成为美国各行业的中流砥柱，特曼最后非常沮丧地总结道：“智力与成就之间并不是真有那么大的关联。”

我们回过头来看一看孔融，单凭耍点小聪明，就认定他“小时了了”，也未免过于武断。当他被啧啧称赞之际，现场的气氛一定变得很热烈。陈韪来泼上一瓢冷水，至少能起到令人清醒的作用。孔融完全可以拿出4岁时让梨的风度，来虚心接纳，把“冷水”当作对自己的鞭策和鼓励。但遗憾的是，他竟作出一个明显带有攻击性的回应，“想君小时，必当了了”，言外之意，您现在可是不怎么样！这不由得让人疑心，他当年挑最小的梨吃，把大的分给兄弟，是不是一次在众兄弟默默成全之下的道德表演，并非真的就明白什么是“克己复礼”。

再说陈韪官拜太中大夫，“秩比千石，掌议论”，地位不亚于一方郡守，又是李膺的座上之宾，如果这都算不上“佳”，那就有点强行泼“脏水”的嫌疑了。退一步讲，就算面对的只是一个普通的长者，他也不该如此，逞一时口舌之快，让对方“大踧踖”，下不来台。

原本是一个很好的教育孩童的机会，最后在李膺的大笑中错失。而更糟糕的是，孔融可能会把“天下楷模”的这次“大笑”，理解成是对自己的肯定和称赞。作家余华说，一个人的童年是决定他一生的，世界给我们的最初图像就是在这时候出现。童年时的气质、习惯、语言态度、脾气秉性，沉淀下来，构成我们的性格，就像一幅画的底色，具有相对的稳定性。

至于后来，曹操在官渡战胜袁绍，将袁绍的儿媳甄氏赐给长子曹丕，孔融得知此事，立马写信给曹操，说什么“武王伐纣，以妲己赐周公”这样的话。起初，曹操并没有察觉他话里带刺，还傻呵呵地问这个典故出自何处，孔融回答：“以今度之，想当然耳。”如此轻蔑嘲讽，是在检测曹操的容人之量吗？曹操会不会跟陈韪一样变得局促不安，我们不得而知，但能确定的是，孔融最终因得罪曹操而惹来了杀身之祸，付出了生命的代价。其实，这杀身之祸，早在他10岁时，就埋下了伏笔。

蔡文姬是如何说服曹操的

当曹操弱冠之年，被“举孝廉为郎”时，蔡邕已年届不惑，“拜郎中”，步入高级官员的行列。想必他凭借自己在士林中的声望，出于欣赏，发自内心，对曹操有过无数次的美言，二人之间的缘分与情分应该是很深的。不然，魏文帝曹丕在《蔡伯喈女赋》的序中就不会说“家公与蔡伯喈有管鲍之好”。管仲曾有“生我者父母，知我者鲍子也”的感叹，曹丕在使用这一典故时，不可能不知道。

在蔡邕死后，又赶上汉末大乱，他的女儿蔡文姬，随难民逃亡，最后流落匈奴12年。曹操感念旧情，派使者携重金，赎回亡友之女。当重新踏上故土时，蔡文姬35岁，饱经屈辱。在曹操的安排之下，她嫁给了屯田都尉董祀。

三国时，曹操为解决粮食短缺的问题，招募流民按军队的编制编成组，让他们在国家提供的土地上开垦耕种。屯田都尉，就是全权负责这事的，跟土地和农民打交道。谁承想，董祀竟然摊上了大事，犯了死罪。同僚也没有人为他说情。

最后，蔡文姬只好出面去求见曹操。当时，大殿之上，高朋满座，除了公卿大臣，还有很多远方来的使者。听说蔡文姬来了，曹操很高调地跟大家说：“蔡伯喈的女儿就在门外，今天我请诸君见一见。”曹操不可能不知道对方的来意。美国心理学家卢维斯说过：“不论是谁，在被说服的最开始阶段都会怀有戒心，我们都会对外来的说服保持戒心，处于封闭状态。”然而，曹操非但没有处于封闭状态，反而是主动欢迎蔡文姬，在大庭广众之下，估计他也很想听一听对方如何来说服自己。

蔡文姬进来之后，并没有像《孔雀东南飞》里的刘兰芝那样，“纤纤作细步”，展现才女光彩照人的一面，反而头发散乱，光着脚。这一反常的装束，让大家的心理预期落空，但同时也把所有的注意力都聚焦在她的身上。“影响力教父”罗伯特·西奥迪尼说：“人类就是容易为恰好突显出来的事情分配不恰当的权重。”相信那一刻，大殿之上，一定寂然无声。

在众目睽睽之下，蔡文姬向曹操磕头请罪，请的首先是失礼之罪，其次才是夫君之罪。她说话清晰条理，又非常酸楚哀伤，虽然史书中并没有记载她到底说了什么，但我猜想，她可能是先从家世谈起，找到曹操与自己的情感共通点，拉近彼此的距离，然后再谈坎坷的身世，总之大家都被感动了。可是作为旁观者，因为人数过多，责任分散，所以感动之余，并没有人愿意站出来为她发声。

当然，大家也都知道，这大殿之上，能够改变结果的只有曹

操。曹操法外施恩的事，做过不少。当他看到众人都被感动的时候，如果拒绝蔡文姬的请求，就会显得无情，甚至有种被孤立的感觉，但如果答应，又会让人觉得自己很容易被情绪影响。他只好给蔡文姬出了一道难题：降罪的文书已经发下去了，你说该怎么办？

蔡文姬身为一介女流，不可能自己去解决这一难题。于是，她说：“明公，您马厩里的好马万匹，虎士成林，怎么会吝惜一匹快马，来拯救垂死的生命呢？”这句话既包含着对曹操本人的恭维，也有对他实力的肯定。蔡文姬运用正确的措辞再一次将大家的注意力引导到现实的难题上，并且很好地引发了大家的联想：勇猛的士卒骑着一匹快马飞驰，带着赦令，救下一个垂死的人。

曹操再想以其他理由回绝已经来不及了。当然，也许他原本就想赦免董祀，经此一番折腾，既可以获得蔡文姬的感激，也可以让大家再一次清楚谁才是这个大殿之上最有权力的人，何乐而不为呢？正如《辛德勒名单》里所说：“什么是权力？当一个人犯了罪，法官依法判他死刑，这是正义。当另一个人也犯了同样的罪，国王可以判他死刑，也可以不判他死刑，最后赦免了他，这就是权力！”

汾州刺史的谎言

北周保定三年（1563年），韩褒担任汾州刺史。此前，几任刺史都不能有效地阻止北齐的入侵，导致百姓无法安心种地。韩褒到任之后，恰好敌寇来犯。在那个资讯不发达的年代，他非但没有及时向下属各县通报警情，反而封锁消息，令百姓再次受到危害。

北齐原本就握有先前北魏的六镇雄兵，战斗力强不说，再加上之前多次入侵都能奏凯而归。这次获胜虽轻而易举，但也在意料之中。骄矜的念头一旦种下，很快便生根发芽。于是他们“举欣欣然有喜色”，变得更加松懈，就这样，在高人一等的虚假里获得陶醉和满足，甚至连基本的营垒都懒得修筑。

第二次世界大战时，英军明知德军要轰炸某地，却故意不做任何防范和反击，目的是制造假象，不让对方知道英军已掌握情报。韩褒采用的也是这一策略，他要让北齐的军队相信一个谎言，关键不在于把这个谎言告诉他们，而在于营造一个场景：百姓也许正在闲话家常，也许正在“弄儿床前戏，看妇机中织”。

镜头一换，北齐的铁骑呼啸而过，村落燃起兵火。

想让谎言奏效，最好的方法就是让对方以为他得到的这个信息是通过眼见的真相分析出来的。当然，他们如果花费的心血和心思越大，对“真相”就越会深信不疑。第二次世界大战时，英军的一个间谍被德军抓获，叛变之后，不断请求英军再派间谍过来。一过来就被德军诱捕，先后17个人惨死。德军如此大费周章，就是想弄明白盟军登陆的地点到底是加莱还是诺曼底。相比后者，加莱离英国本土又近，而且易攻难守，所以被选中的可能性更大。这17个间谍在经受严刑拷打之后，临死前供出的登陆地点都是加莱。也许他们每个人都被指派了不同的任务，但最后他们都用自己所知的实情，给德军喂下一粒定心丸。丘吉尔说：真相是如此之宝贵，我们需要用无数的谎言来捍卫它。

韩褒用百姓的身家性命布置了一个充满谎言的陷阱，让所谓

的真相来制造认知的落差，让北齐料定汾州根本就没有调集军队，根本就不会追踪。与此同时，他则率领精锐，分别占据险要的地方，当北齐的军队以完全放松的状态进入埋伏圈的那一刻，“纵伏击之，尽获其众”。相比现代战场上的云谲波诡，韩褒的谎言算不上高明，只是对手太差，不懂得在高歌猛进时也应该留有后手。

韩褒取胜之后，并没有按照惯例，把俘虏押送京师，而是“以德报怨”，把他们全部放还，颇有几分诸葛丞相的风范。至于此前百姓的损失有没有获得补偿，就不得而知了。

英国哲学家边沁认为，判断一种行为是否重要关键是看它产生了多少快乐和避免了多少痛苦。他叮嘱我们在行事时始终要将快乐最大化，痛苦最小化。最多数人的最大幸福是衡量一切事情好坏的标准。但康德又说：“要始终认识到个人是目的，不要为了达到你的目的而利用他人。”

在纷繁复杂的人世间，这样的道德困境，有时会让决策者备受磨折，然而残酷的现实又迫使他们必须作出选择。史册上并未给我们留下韩褒决策时的犹疑，也许对他来说，一次谎言如果能换来此后汾州的安宁，百姓的这点损失、这点代价根本算不上什么！

魏徵这次没有看走眼

魏徵出身河北巨鹿魏氏，乃北齐望族，结果距他呱呱坠地还有三年时，北齐被北周消灭；在他刚满1岁那年，北周又被隋朝取代。几番洗牌之后，望族被整成寒门，“祖上也曾阔过”，有什么用！学一学阿Q，说一说“我们先前——比你阔得多啦！你算是什么东西”这样的话，或许可以抚慰一下失落的心情。

在“自古丧乱未有如隋世者”，魏徵最终只能像丘吉尔那样“坚持下去，并不是我们真的足够坚强，而是我们别无选择”。他是良禽却不能择主，服侍李密，对方被杀；投降窦建德，对方被俘；效命李建成，劝他及早动手除掉李世民，对方不听。于是，玄武门政变之后，他失去靠山，站错队。

这样的出身，这样的履历，要资本没资本，要功业没功业，要信用没信用，要运气没运气，却多了条“离间兄弟”的罪责。在朝堂之上，面对胜者为王的李世民的眈眈虎视与高声喝问，魏徵终于抓住了“咸鱼翻身”的机会。他没有选择跪地求饶，流下悔恨的泪水，也没有当堂提供他人谋逆的线索，为相关案件的查处起积极作用，反倒是慷慨自若，从容对曰：“皇太子若从臣言，必无今日之祸。”当初蒯彻劝韩信中立，跟刘邦、项羽，鼎足而三，结果韩信不听，被夷三族。后来刘邦要烹蒯彻，蒯彻同样是没有告饶。大仲马总结道：“谁若是有一刹那的胆怯，也许就放走了幸运在这一刹那间对他伸出来的香饵。”

魏徵的坦率与无畏，抓到手的岂止是“香饵”，据史书记载，当时“太宗为之敛容，厚加礼异，擢拜谏议大夫。数引之卧内，访以政术”。一念花开，一念缘起。魏徵以太子谋臣的身份，向天下人确证“玄武门之变”的正义性与必要性。如果不是李世民当机立断，先发制人，那么倒在血泊里的就必定是他自己。同时，弑兄杀弟的李世民，也想通过重用魏徵来表现一下气度和胸襟，尽快恢复政局的稳定。

魏徵在看破太宗的底牌之后，把“言辞激切、慷慨激昂”当作为官的本色，在谏议大夫这个虚职上干得风生水起，为实现太宗的“明君梦”而竭心尽力。

陈子昂的炒作术

蜀地夹在黄河和长江之间，是两条大河的分水岭。地理上既有北方的雄大，又有江南的秀美，也使蜀人的心灵介于文野之间。唐代诗人苏涣就是蜀人，年轻时“窜伏草莽间”，以盗窃、抢劫为生，善使白色弓弩，巴蜀一带商旅深受其苦。后来，“自知其非，变节从学”，参加科举，高中进士，“累迁至御史，佐湖南幕”，华丽丽地转身，由“野”入“文”。

比苏涣名头更响亮的陈子昂，出生在梓州射洪。当年，那里可是川北重镇，属于兵家必争之地。论起“野”来，陈子昂也毫不逊色。他是富家子，十七八岁仍不读书，整日打架斗殴，飞鹰走狗，直到有一次持剑伤人后，他才幡然醒悟，“慨然立志，因谢绝门客，专精坟典”，“数年之间，经史百家，罔不该览”，用“文”来约束“野”。

就这样，在三坟五典中，研习日久，腹中有了经纶，自然不甘沉埋于草野。于是，他决定出蜀入长安，坐船顺着涪江南下，经广兴、龙宝、青堤、柳树等地，然后在重庆连上长江，辗转几千里，进入北方平原，最后再换乘陆路交通。虽路途遥远，但起码能诗酒流连，不必担心“山从人面起，云傍马头生”。

然而，并不是每个怀揣壮志的人，都能“一日看尽长安花”，他在两次落榜之后，只能“久作长安旅”，幸好家资丰厚，不用像晚唐诗人杜荀鹤一样，感叹“回头不忍看羸僮，一路行人我最穷”。

当时，长安东市有卖胡琴的，开出天价。每天都有很多豪贵传看，但没人识货，更不敢入手。陈子昂估计已经观察了好多天，他看到大家的情绪已经被调动起来，于是从人群中挤出，说愿意“辇千缗市之”。一缗就是一千个铜钱，据学者考证，一缗的重量大约是5千克，一千缗就是5000千克。陈子昂强调用辇车来装钱，先构建了一个画面感，一车又一车的铜钱，如此招摇地来换一把琴。同时，又抛出悬念，引起大家的好奇心。“众咸惊”，问他买这么贵的琴干什么用？答：“余善此乐。”

叔本华认为，生命的主要任务是“维持生存”，其次是“躲避无聊”。看琴的多是豪贵，根本就用不着为生存忧心。心满意足就会招致无聊，无聊其实是大脑发出的信号，提醒我们现在没有对大脑的某个部分进行充分利用。好奇心则更像是一种概率算法。人脑一直在不停地计算，哪种路径或行为能让我们在最短时间内获得最多的知识。

陈子昂的行为等于是向大家提出了一个问题：你们有没有听过这么贵的胡琴弹奏的曲子？当让大家意识到自己知识中的缺

口，再满怀期待的时候，他却卖了个关子。就像福尔摩斯破案，已经知道真相，但这时，他又不打算告诉答案，而是接着说："不过，还有一个问题。"

陈子昂没有什么故弄玄虚的问题，但懂得如何加重渲染，吊足众人的胃口。他并不急着当众弹奏胡琴，更何况，东市这样一个喧闹的地方，也不适合演奏。于是，他跟大家约好听琴的时间和地点，第二天在自己住的宣阳里，专门备酒等候，还不忘叮嘱大家"邀召闻名者齐赴"。

一边喝酒，一边听琴，而且还有很多人，聚在一起"看热闹"，如此能够减轻或免除精神压力，会让人产生兴奋感和多巴胺，进而心情愉悦。所以，第二天一早，陈子昂的门前就来了一百多人，他们在当时都有着极高的声誉。这是多么难得的机会。陈子昂赶紧"大张宴席，具珍馐"，等酒足饭饱之后，他捧着胡

琴，来了一番慷慨陈词："蜀人陈子昂有文百轴，驰走京毂，碌碌尘土，不为人知。此乐贱士之乐，岂宜留心！"

陈子昂先是利用大家的好奇心，把他们都吸引到自己的家里；然后拿出"珍馐"来待客；紧接着交代籍贯、处境，用梦想感染大家的情绪；最后摔碎价值千金的胡琴，赚足眼球。

人类有一种古老的行为习惯，总是倾向于用别人对待自己的方式对待别人。互惠原则在人类社会化的过程中深深植根于我们心中。大家在受到款待之后，又被陈子昂的话触动，心中多少觉得欠了对方人情。

于是，这一百多人拿着陈子昂赠送的诗文，四处赞誉宣扬，希望通过这种方式来把人情给还上。陈子昂"一日之内，声华溢都"。古代没有大众传播媒介，人际传播是提高知名度、塑造个人良好的社会形象和声誉的唯一手段。

一旦陈子昂有了形象和声誉，就能引起考官的注意。他们在读对方文章的时候，才能像柳宗元说的那样"心目必专"。这样，陈子昂被录取的希望就会增大。

哇，为什么我之前就没有想到

宋仁宗时，台谏官员上奏章说，内廷“嫔御太多，宜少裁减”。一名为仁宗梳头的宫女自恃受宠，当着皇帝的面，发了几句牢骚：“两府两制，家内各有歌舞，官职稍如意，往往增置不已。官家根底剩有一二人，则言阴盛须减去，只教渠辈取快活。”意思是朝廷这些官员，家家都有歌儿舞女，对职位稍不满意，常常就增设一些；皇帝身边总共也没几个侍妾与宫女，反倒说阴气太盛，而他们却只管自己取乐快活。

这番牢骚既摆了事实，又用了对比，不是完全没有道理，所以仁宗听后，没说什么。可能宫女觉得自己的话触动了皇帝，于是又接着说：“台谏所言必行乎？”言外之意自然是希望皇帝不要理会这些人的话，谁知仁宗却驳斥说：“台谏之言，岂敢不行。”没过多久，仁宗遣散宫女三十人，第一个被遣出宫的便是那名梳头的宫女。皇后觉得奇怪，也许这奇怪中还藏着几分解恨，就问仁宗：“掌梳头者，是官家所爱，奈何作第一名遣之？”仁宗说：“此人劝我拒谏，岂宜置左右。”

《宋史》上说，宋之立国，元气在台谏。朝廷有大政事，台谏可以否决；君主有过失，台谏可加制止；百官犯错误，台谏可以给予批评弹劾。宋代的台谏在选任、回避、言事、监控等方面都形成了完备的制度。台谏对君权与相权都享有独立的监察特许权。对于这些制度的安排和意义，梳头的宫女恐怕就不知道了。我们每个人的知识体系都是日积月累而来的，包括思维定式、固定知识以及解决问题的方法，一旦别人的知识观点跟你现有的积累不符，也就意味着你需要花费时间去检验和判断。如果我们根本理解不到更高层次的认知，那么检验和判断的结果就是我们的本能反应，第一时间去抵触不同的声音。

从认知层面讲，我们未必能像苏格拉底那样对自己知识的边界有着最清醒的认识，我们也都有自己的偏执，都会成为这名宫女，因而也不必苛求她跟仁宗一样有对制度的尊重和遵守的自觉。人类大脑的内部始终存在着两个相互关联但又各自独立的运作系统：第一个是感性面，这部分的自我属于天性本能，能够对事物产生情绪，知觉痛苦和快乐；另一个是理性面，也叫反思系统，这部分大脑能够进行深思熟虑，观察并且反思行为。

当然，如果梳头的宫女曾经读过唐朝长孙皇后的故事，那么结果可能会大不同。唐太宗钟爱长孙皇后所生的长乐公主，当长乐出嫁时，太宗下令有关部门置办的嫁妆比长公主（太宗妹妹）的翻倍。魏徵进谏说："昔日汉明帝时，将要封赏皇子，汉明帝说，'我的儿子怎能和先帝的儿子一样呢'（自己的儿子应少一

些)？称为长公主，确实是因为长公主比公主尊贵，感情虽有差别远近，但义理上不能有差别。如果让公主的嫁妆超过长公主，恐怕不合礼制，希望陛下慎重考虑这件事。”太宗退朝后把魏徵的话告诉皇后，皇后感叹说：“曾经听闻陛下看重魏徵，一点也不知道其中的缘故。现在听了他的劝谏，实在是个能通过义理限制主上私情的大臣，他可以称得上是正直社稷之臣。忠言逆于耳而利于行，如果皇帝采纳忠言，那么世间百姓就会安宁；如果皇帝拒绝忠言，那么国家政事就会变得紊乱。衷心希望陛下好好思考这句话，那么对于整个天下来讲，都是一件很幸运的事。”皇后因此请求派遣中使带帛五百匹，送到魏徵家赏赐给他。

柏拉图说：人类头脑中有一位理性的御车人，必须驾驭一匹桀骜不驯的马，只有用马鞭抽它，用马刺刺它才能使它就范。长孙皇后无疑就是这样一位优秀的御车人，她能够从一个更长的时空跨度来看问题，而不是把目光聚焦在自己的一亩三分地。

梳头的宫女完全可以从长孙皇后这里获得启发，当台谏嫌后宫阴气太盛时，她一方面可大谈“宋之立国，元气在台谏”，另一方面请求仁宗，如果非要裁汰宫女就请从自己开始，主动为官家排忧。仁宗皇帝，谥号为“仁”，子曰：“仁者爱人。”“仁者”如皇帝，也不免爱宫女，于是皆大欢喜。

“哇，为什么我之前就没有想到?”宫女也许会这样说。

“揪龙鳞”的下场

朱元璋初见李仕鲁，大喜说：“吾求子久，奈何姗姗来迟！”作为深谙朱熹学说的一介儒生，李仕鲁被感动得热泪盈眶，跪在地上回应：“臣愿为皇上拼死效命，不惜肝脑涂地！”初见的那一刻，君臣相知相得。

若干年后，朱元璋崇尚佛教，重用僧人。李仕鲁上疏直言29次，看样子是铁了心要把朱元璋的怒火给激起来。也许还觉得火力不够猛，最后，他当着满朝大臣的面，情绪激昂地说：“陛下……无惑乎臣言之不入也！还陛下笏，乞赐骸骨归田里。”

如果说之前李仕鲁担心朱元璋舍弃儒学而崇尚佛教，会给子孙万世开一个不好的头，那还是在良性地表达观点，但这一次却背离了劝谏的初衷，完全变成负面情绪的宣泄。满腔热情、满怀赤诚的劝谏，前前后后29次，不仅没有改变什么，反倒让他看清朱元璋真的是“深溺其教”。在绝望的同时，他也深陷于无价值感的精神状态之中，觉得所有的事情都没有意思，没有价值，只想立刻“归田里”。在这样一种自我闭环的情绪推动下，他真的就把笏板放到地上。

要知道，笏板那可是地位的象征。别人都是盼着“象笏堆床”，光耀门楣，而李仕鲁却因一时情绪失控把它抛下。这样做已经不是简单的“逆圣听”，而是在当众“揪龙鳞”。

朱元璋17岁就开始闯荡江湖，为了求生，在风雨冰霜中披裹鳞甲，几十年来不知道经历了多少危机与绝境，早已被命运的重锤砸炼成钢。像这样的人，你在金銮殿上挑战他的权威，结果只能是血溅当场，“立死阶下”。那一刻，朱元璋的怒火估计已经弥散在整个大殿之上，没有一个大臣挺身而出为李仕鲁求情。

在一个等级森严的体系中，处于弱势的一方出于保护自己的本能，不敢冒犯强者的威严，经常会被迫将信息包装在烦琐的礼节当中。李仕鲁不是不懂，但他自视为正统，眼中只有“异端”，缺少移情的能力。朱元璋曾在皇觉寺当过和尚，念过佛

号，投奔黄巾军的时候还披着破烂的袈裟，对佛教有着特殊的情感。对于这些，李仕鲁统统不去考虑，过于在意朱元璋此时此刻的立场。

实际上，与其执着地批判“异端”，不如努力宣扬自己的想法，以求共鸣，或是理性地沟通、公开地讨论，说不定还可以达成共识。孔子说：“攻乎异端，斯害也已。”按照他老人家行事风格来理解，这句话的意思就是：“批判异端，那就是祸害啊！”当然，李仕鲁或许会把这句话理解成“批判异端，祸害就消灭了”。

但“异端”到底还是没有被消灭，两个人反而由最初“相知相得”到最后渐行渐远，一个血染朝堂，一个怒火熊熊，真的令人唏嘘！李仕鲁用他眼中的正统和“善”来期许朱元璋本身并没有错，错在劝谏多次无效之后，他应该从“有所必为”转向“有所不为”，给彼此生命的展开留下一点腾挪的弹性空间。哪怕还想劝谏，也应该是在深思之后，如孔子所教诲的那样：“夫人不言，言必有中。”

李仕鲁“少颖敏笃学，足不窥户外者三年”，能在学问的海洋里劈波斩浪，却未必能立在宦海的浪头毫发不伤。汉武帝时的丞相公孙弘，曾到海上牧猪，写奏章也多是废话。哪怕是跟公卿大臣约好去谏诤，等见了皇帝，他也会立刻改口。天下原本就是皇帝的，迎合皇帝就是迎合国家，何必执着己见！如果李仕鲁能看明白这一点，就不至于“肝脑涂地”了。

课堂上的拓展

从“守孝三年”看孔子说理的方式

在孔门弟子中，宰我小孔子29岁，喜欢辩论，喜欢较真，不唯唯诺诺。对守孝三年这样的礼俗，他曾提出自己的看法。要知道，人是社会性动物，在任何形式的社会组织里，和谐与秩序都是必要的，因而必须得有一套约束其成员的行为规范，比如习俗、法律和道德规范等，原本无可争议。但宰我却敢于质疑，这背后，让我们分明感受到他有一股求知的热诚和勇气。

宰我说，守孝三年太长。先表明看法，然后接着说：“君子三年不为礼，礼必坏；三年不为乐，乐必崩。”君子三年不行礼仪，礼仪就会败坏；三年不奏乐，乐器及奏乐的礼仪就会崩溃。宰我从人文世界切入，谈到长期不演习礼乐，就会“礼坏乐崩”，很明显是在挑战孔子。孔子提倡礼乐治国，用礼来区分等级，用乐来调和人与人之间的关系，以达到君臣和敬、长幼和顺、父子兄弟和亲的目的。你看，守孝三年，“礼坏乐崩”这可怎么办?

最后又从自然规律的角度得出结论：“旧谷既没，新谷既升，钻燧改火，期可已矣。”旧谷吃完，新谷也已收获；打火的燧木轮又用了一次。所以守孝一年就可以了。古代用的是钻木取火的方法，被钻的木，四季不同，所谓“春取榆柳之火，夏取枣杏之火，季夏取桑柘之火，秋取柞楢之火，冬取槐檀之火”。

对于宰我的质疑，孔子并没有从正面去反驳，比如说就算有君子三年不演习礼乐，就算他真的生疏了，那也不一定会必然导致“礼坏乐崩”这样极端的局面。宰我先假想出这么一个情况，故意夸大危害。

也许是孔子没有料到宰我的观点会如此尖锐，总之，他并没有好好地去讲道理，反而指责宰我，如果不守孝三年，只守一年就吃稻米、穿锦衣，心里安不安？关键是，之前宰我并没有说自己要吃稻米，穿锦衣。孔子强行泼脏水的做法，也让宰我变得情绪激动起来，他明显带着火气，说了句：“安！”

然后，孔子继续批评他："你心安，你就做吧！君子守孝，吃鱼肉不香，听音乐不快乐，住大宅不安，所以不做，现在你心安，那么你就做吧！"社会规范是配合人的心理需求而设定的。

话说到这份上，至于到底为什么"守孝三年"，已经变得不重要。宰我只好退了下去。然后孔子一锤定音：宰我"不仁也"，小孩生下来之后，三年才能离开父母的怀抱。他的依据是对亲子之情的报答应该遵循等年对待的原则。杜甫刚出生不久，母亲就去世了，以至于他早早地就离开母亲的怀抱，他即便为母亲守孝三年，自己也没什么印象。

当然，无论如何，宰我说自己心安都是不合适的。如果父母健在的话，传到他们耳朵里，那会很伤老人家的心。毕竟，我们都有从众的心理，别人家的儿子都能心甘情愿地守孝三年，偏偏自己的儿子如此"不仁"！

倒是孔子怀着恭敬之诚、思慕之心，通过营造一种感恩的氛围，感染弟子，用情感绑架理性，把守孝三年上升到一种伦理规范的高度，随着时间的推移，当年的老师，成为圣人，成为权威，他所说的话，也就更没有人质疑。

刘备为什么说“如鱼得水”

在《鹿鼎记》中，独臂神尼九难传授韦小宝独门绝技“神行百变”，使得韦小宝“虽非武功高手，却也算得是当世武林中数一数二逃命的‘高脚’”。就逃命来说，《三国演义》里的刘备也不遑多让。一见事情紧急，不是“拨马回走”“慌寻走路”，就是“问之不答，加鞭而出”“飞身上马，不顾从者”，抛妻儿、兄弟，更是家常便饭。

最为惊心的，要数马跃檀溪。在逃离险境之后，刘备偶遇司马徽，从他那里第一次听到“卧龙”“凤雏”这两个名字。司马徽虽终身未仕，但学识广博，有知人论世、鉴别人才的能力，很受世人的敬重。他的推荐，自然非比寻常。

之后又是“徐庶走马荐诸葛”。徐庶，在刘备帐下时日不长，但在兵微将寡的情况下，连续几次战胜曹操手下大将曹仁，攻下樊城。这个战绩如何，看看日后威震华夏的关羽，手握重兵，却对樊城久攻不下就可知道，那时镇守樊城的同样也是曹仁。刘备对徐庶的倚重可想而知。他的推荐，恐怕比司马徽更有力量。

当时，刘备46岁。他27岁参加地方军队，镇压黄巾起义，开始一生的征战。在徐州，陶谦以“非刘备不能安此州也”来期许他；在许昌，曹操以“今天下英雄，唯使君与操耳”来抬举他；投奔袁绍，对方亲出邺城200里相迎；投奔刘表，对方到郊外迎接并待以上宾之礼。刘备在如此复杂的关系中游走，成就了自己的英雄之名，但同时，也说明他没有用武之地，三番五次的失败和辗转也使他根本无暇招纳贤才。

在荆州蛰居了几年，刘备看到刘表年老无为，渐生取代之心，能否网罗到名士，关系到自己未来声望和影响力的大小。经过司马徽和徐庶的推荐，叠加强化，相信刘备对诸葛亮的“青青子衿”，已经到了望眼欲穿的地步。

在《三国演义》里，罗贯中把这一段写得迂回曲折，为诸葛亮的登场做了充分的铺垫。第一次来到茅庐，刘备当着应门小童的面，报了一大串头衔，“汉左将军、宜城亭侯、领豫州牧、皇叔”。这些头衔虽然都是虚职，但多少给对方一种大人物屈尊折节、登门造访的感觉。

面子是给足了，但童子一句“我记不得这许多名字”，仿佛四两拨千斤，把刘备的“蛮力”给挡了回去。他只好说“新野刘备来访”，结果，诸葛亮早已出门。对自己渴求的东西，人们通常不会“知难而退”，在一定难度范围内，反而会“愈挫愈勇”。诸葛亮就是想增加刘备请自己出山的难度，一来可以考验对方的诚意，二来可以增加自己的魅力。

刘备在寻与访的过程中，两次不遇，五次认错，渴求的张力，已经到了临界点。好在，26岁的诸葛亮并没有令刘备失望。上天给了诸葛亮两样宝贵的天赋资源，第一是容貌身材，“身长八尺，面如冠玉，头戴纶巾，身披鹤氅，飘飘然有神仙之慨”。根据三国时一尺约等于24.2厘米来推算，诸葛亮的身高应该在1.94米左右。心理学家分析人长得高，会增加自信，而自信会让他在与人沟通时占有优势，还能给人能力强的暗示。诸葛亮不仅高大，而且“面如冠玉”。人们对美貌存在偏见，觉得容貌具备吸引力的人更可能具有善良、坚强、外向等特点，未来更可能获得成功。有“凤雏”之称的庞统，被鲁肃推荐给孙权后，就因相貌奇丑而让孙权心生厌恶。其实，孙权他自己“方颐大口，碧眼紫髯”，长得也不怎么样，可是，在古代，人家这属于贵相。

除了高颜值之外，第二是高智商，“隆中对”就是很好的证明。当刘备问“汉室倾颓，奸臣窃命，主上蒙尘”，自己“欲信大义于天下”，“计将安出”时，诸葛亮先是站在建安十二年（207年）这个时间点上，向四周眺望，曹操已彻底消灭袁绍，把整个北方都纳入自己的势力范围，“拥百万之众，挟天子而令诸侯，此诚不可与争锋”。而孙权在江东的基业，经过三代人的经营，已逐渐稳固，“此可以为援而不可图也”。

然后，在这种背景下，诸葛亮站在荆州这片土地上，为刘备勾勒发展的远景。荆州是“用武之国”，“北据汉、沔”，可拒强敌；“利尽南海”，可提供物力支持；“东连吴会，西通巴、蜀”，具有通达的战略便利。以此为基础，向西，占据益州，“益州险塞，沃野千里，天府之土，高祖因之以成帝业”；往东，跟孙权联盟，共同对抗北方的强敌。

最后，诸葛亮还不忘激励刘备，一旦时机成熟，“率益州之众出于秦川，百姓孰敢不箪食壶浆以迎将军者乎？诚如是，则霸业可成，汉室可兴矣”。如果再说上一句类似丘吉尔的“永远、永远、永远，都不要放弃”这样的名言，“隆中对”就更有感召力了。

在听完诸葛亮的规划之后，刘备只说了一个“善”字，意思是，你讲得还可以，并没有继续追问。初次见面，咨以“当世之事”，可能还有考核的意思在里面。

后来，两个人“情好日密”，结果，让关羽、张飞心里很不是滋味，刘备劝解他们：“孤之有孔明，犹鱼之有水也。”“就像鱼得到水一样”，这话没有挑明了讲，其实是暗示关羽、张飞，诸葛亮使刘备得以生存，为他提供了环境的保障。

诸葛亮的才与貌就不说了，关键是在荆州他还有家族优势。刘表原本是朝廷派来的地方官员，作为外地人，想在荆州立足，就必须依靠当地两大家族——蔡家和蒯家。而诸葛亮的大姐夫蒯祺正是蒯家的子弟，二姐夫则出于荆州六大家族之一的庞家（庞统就是出自这个家族）。他的岳父黄承彦是荆州名士，也是六大家族——黄家的代表人物之一。黄承彦的妻子姓蔡，其父为蔡讽。他的儿子是刘表手下的重臣蔡瑁。蔡讽的幼女又嫁给刘表，生子刘琮，深受刘表喜爱。

这样算下来，黄承彦则是蔡瑁的姐夫，同时也是刘表的连襟。诸葛亮娶黄氏之后，刘表也就成了他的姨夫。荆州六大家族，其中蔡、蒯、庞、黄四家都和诸葛亮有姻亲关系，而且荆州最高领导人还是他的姨夫。同时，跟诸葛亮交往的人，也都是当代名士。至于亲哥诸葛瑾在江东孙权手下一直都是重臣，而堂弟诸葛诞在魏国后来官至征东大将军，这些不提也罢。

对一条经常逃命的“鱼”来说，“水”的重要性是不言而喻的，所以，当刘备说完这句话之后，关羽、张飞从此闭嘴！

他立下不世之功，又如何

1052年，广源州（今广西与越南交界处）壮族首领侬智高因不堪越南的欺压，欲归顺宋朝遭拒，气急之下，进军两广。没想到，一路势如破竹，原来五千人的队伍发展成五万人。仁宗皇帝被迫撤回西夏前线的主力，任命狄青为枢密副使，并设宴给他南征践行。

侬智高此刻声威和士气都很壮大，而狄青远道而来，先头部队在双方作战时，还一度被困。如何才能不负王命、克敌制胜，这对狄青来说的确是个难题。

在宋人彭乘的《续墨客挥犀》中，我们读到一个题为《上元夜张燕》的故事：

“（狄）青为枢密副使宣抚广西，时侬智高守昆仑关。青至宾州值上元节，令大张灯烛。首夜燕将佐，次夜燕从军官，三夜飨军校。首夜乐饮撤晓，次夜二鼓，时青称疾暂起如内，久之使人谕孙元规：令暂主席行酒，少服药乃出。数使人勤劳座客，至晓各未敢退。忽有驰者云：是夜五鼓青已夺昆仑矣。”

狄青在元宵节，大摆筵席，连续三个晚上，先是宴请将佐，也就是高级军官；接下来宴请从军官，最后是军校。宴席上管弦之乐，彻夜不绝。北宋的元宵节龙灯花鼓最为热闹，全国还要放假七天。可狄青这是在前线，如此大张旗鼓地嗨，创设一个过节的情境，营造一个联欢的氛围，目的是要用这样一种连续的刺激，让对手产生错觉。

春秋时代，打仗先要派使者向对方请战，然后约好时间，在空地上摆开战车，开战后，有时只需一个回合，胜败即见分晓。到了狄青那个时候，除了一马当先，驰射挥刀之外，作为主帅，他还得寻思如何攻其不意。

就当时的情形看，侬智高的军队是标枪与蛮牌互为弥补，狄青的军队只有占领昆仑关，凭借地利，把侬智高的军队逼入平原，宋军骑兵的威力才能充分地发挥出来，这才是制胜的优势策略。

在这场利益对立的零和博弈里，每个人不得不担任两个角色，一

个是自己，一个是对手，从而找出双方的最佳行动方式。假如狄青强攻昆仑关，侬智高肯定会坚守，这昆仑关地势险要，可谓“一夫当关，万夫莫开”，结果可想而知。反过来，假如狄青让大军休整安顿，并通过设宴的方式，令对方的间谍产生误判，侬智高自然会放松警惕，这样也就大大降低了占领昆仑关的难度。

在元宵节这样的时间点上，交战的双方都需要休整，不然的话，侬智高只管防守昆仑关、加强戒备就对了，也不至于那么迫切地想通过间谍刺探军情，以安排军队松弛减压。人们对风险的知觉有着高度的主观性，在很多情况下，往往会高估渴望事件发生的概率，同时也会低估自己不希望发生的事件的概率。这个时候，最好的方法就是找第三方来评估，然而遗憾的是，侬智高身边缺少这样的“第三方”。

军营里喝酒的呼喊、乱耳的繁弦，掩盖了紧促的马蹄声，在茫茫夜色的掩护下，狄青亲率骑兵死士，踏上了奇袭昆仑关的征途。至于侬智高是否如他所料落入圈套，已不再重要，那一刻对他来说，唯一能做的就是像第二次世界大战时的丘吉尔那样“我能贡献的别无其他，唯有鲜血、劳苦、眼泪和汗水”，把自己身为主帅的感召力发挥到极致，凝聚士气，让大家拼尽全力。

战斗到最惨烈时，敌军死命反扑，致使前锋一度受挫败，战线几乎动摇。当众将官大惊失色时，狄青镇定自若，手挥令旗，指挥剽悍的骑兵从敌阵左右两翼杀出，一举扭转战局，上演了一幕“上元三鼓夺昆仑”的好戏，最终剿灭叛乱，取得了大宋立国以来南疆战争的最大胜利。

狄青旋师奏凯，被仁宗皇帝任命为枢密使，这位面有黥字、背负屈辱的将军，登上了政治生涯的顶峰，但也从此深陷于文官集团的构陷和猜忌之中。比如，家里晚间烧纸钱，火光显现，竟被人附会，说这种亮光与当年朱温篡位前的情景非常相似。

1056年5月，汴梁持续大雨，黄河泛滥成灾，京师内涝成泽国，死人无数。利用这大雨大灾，欧阳修不遗余力地弹劾狄青，理由是他在军中威望太高，怕他灾乱中哗变。狄青就此失去兵权，战战惶惶，不过一年，郁郁而终。面对血海刀山，都不曾畏惧的将军，没有死在沙场，用清初思想家王船山的话说，最终“颠倒于廷臣之笔舌”下。

还记得，狄青当上枢密使之后，说了句肺腑之言：“韩琦韩枢密和我的官职一样，我和他最大的差距，只是一个进士及第而已！”满腹委屈尽在其中。说到底，“东华门外，状元唱名者，方为好男儿”，他立下不世之功，又如何！

“不教胡马度阴山”的代价

“秦时明月汉时关，万里长征人未还。但使龙城飞将在，不教胡马度阴山”，唐代王昌龄的《出塞》这首诗被明代文人李攀龙誉为“唐代七绝压卷之作”，开篇便为我们展现了一幅壮阔的图景：浩浩长空之上，那一轮明月高悬，照耀着秦汉时就已经有的雄关险隘。

这些雄关险隘，用夯土和石块垒成，通常沿着山脊或山脉进行建筑。无数征人，从这里出发，走向未知的远方，远方没有“诗和田野”，只有平沙莽莽、断鸟飞蓬。他们之前或许是农民，或许是刑徒，有的来自与匈奴为敌的游牧民，有的则是匈奴内部的反对派。边塞征战苦，“相看白刃血纷纷”，他们哪有闲情去领略“大漠孤烟”与“长河落日”的壮观，更没有余暇去“夜吹笛”“忆秦川”。

胡儿骑着胡马，嘶风，呐喊，鸣镝。这些对抗中原的游牧民族长期生活在荒凉之地，擅长弓马技艺，所有男子都能服兵役，靠劫掠为生，给中原文明造成了极大的威胁。一旦“胡马度阴山”，有可能“千村寥落”，百姓填沟壑。面对这样的劲敌，“但使龙城飞将在”，就能阻挡他们呼啸而来，这明显是夸大了“龙城飞将”的作用。

“龙城飞将”的存在，只是为阻挡“胡马度阴山”提供了可能，而不是必然。无论是奇袭龙城的卫青，还是名震匈奴的“飞将军”李广，他们所取得的一两次局部战争的胜利，未必都能影响大的趋势。像李广那样，离匈奴阵前二里之遥，令士兵下马解鞍，匈奴不敢贸然攻击，只派一名将官出阵试探，李广飞马抢到阵前，将其射落，然后从容归队。这些传奇里的主角总是有光环罩着，随时可以开挂。

而真正善战的人，可能“无智名、无勇功”，他们不打跌宕起伏的仗，只打容易的仗，没有那么多惊心动魄的传奇。赵国名

将李牧，坚壁清野，十年养精蓄锐，几乎天天让士兵吃牛肉，光备战不出战。最后全军上下都铆足了劲，诱敌入奇阵，大破匈奴十几万骑兵，此后十几年“胡人不敢南下而牧马”。三国时，关羽在荆州，兵力强盛，锋芒正锐，岂止是阻挡了曹操，甚至令对方都产生了迁都的念头。跟李牧相比，关羽可谓百战百胜，最终却一败而亡。

战争制胜的因素，除了“龙城飞将”善战之外，更要有雄厚的财力作为后盾。卫青曾先后两次劳师袭远，出塞几百里，总共歼敌3万多。但同时耗费的成本也是巨大的，抚恤金就不说了，光是赏赐幸存者，汉帝国一次就拿出了20多万斤黄金，相当于中央官吏年俸禄的几十倍。而那些被俘的匈奴士兵也有好几万，都受到优待，吃穿不用愁。

进攻是最好的防守，为了彻底摧毁“胡马度阴山”的实力，卫青和霍去病曾亲率联军直捣漠北，后者更是深入匈奴腹地，在狼居胥山举行祭天仪式，最终合计斩杀匈奴八九万人。这次汉帝国拿出的赏赐高达黄金50万斤，国库就此被掏空。

诗歌偏于抒情，只短短四行，不可能有更多缜密的分析。我们在感叹“万里长征人未还”的同时，要看到“但使龙城飞将在”，流露出诗人对当世缺少名将的遗憾，以及对朝廷选贤任能的期待。“不教胡马度阴山”既是慷慨豪迈的誓言，又是一份美好的愿景，然而，要想实现这愿景，代价也是高昂的！

李白的“失言”

李白这一生，怀着“申管婴之谈，谋帝王之术”的胸襟，怀着“解世纷、济苍生、安黎元”的抱负，渴望在尘世绽放异彩，重振家声。33岁时，李白写信给荆州长史韩朝宗，希望能通过对方的举荐，来扬眉吐气、激昂青云。虽是自荐信，但他却没有寒酸之态，笔力豪迈，“心雄万夫”。

孔子说：“可与言而不与之言，失人；不可与言而与之言，失言。知者不失人，亦不失言。”这几句说得有点绕，意思是可以跟他交谈，却没谈，就错失了这个人；不该跟他说话，或不该跟他说的话，却说了，就是失言。明智的人既不错过一个该交谈的人，也不会说错一句话！据《新唐书》记载“韩朝宗喜识拔后进”，他推荐的李适之和严武，后来一个官至宰相，一个两次镇蜀，被封为郑国公。这样一个可以改变自己命运的人，李白肯定不想错失，写信跟他交谈，毛遂自荐。

然而，为国抡才，又岂能单凭一封自荐信？韩朝宗到底还是没有满足李白的期待，给他一把“攀云梯”。说起来，举荐人才，更要冒风险。一旦对方进入仕途，“高处不胜寒”，彼此便唇齿相连，要么一荣俱荣，要么一损俱损。

从之后十几年李白的经历看，他虽获天子恩宠，却也只是一个不尴不尬的文学侍从，写诗作赋，点缀升平。至于新旧《唐书》中说他借着酒劲，让高力士为自己脱靴，如果是真的，这便是他不想立足官场的明证。高力士，连太子见他都要尊为“二兄”；其他皇子、公主，为表达亲切孺慕之情，更是把他当作父辈，以“阿翁”相称。

而李白更在意实感，他没有口蜜腹剑的心机和翻云覆雨的手腕，看不惯粗鄙傲慢的嘴脸和见风使舵的奴颜。无论是在长安的酒肆坊间，还是在皇宫的龙楼凤阙，他经常都是酩酊大醉，“天子呼来不上船，自称臣是酒中仙”，多半还会提醒自己“莫使金樽空对月”。相信韩朝宗在听闻这些之后，一定会觉得自己当初

“可以跟李白交谈，却没谈”，错失李白，是多么明智！反倒是李白，虽没有“失人”，却“失言”了。所谓“失言”，就是自己只想跟着对方的心思找“共识”，不够真诚。

李白在自荐信中，想恭维韩朝宗，但又有些忸怩，于是便借其他读书人之口说“生不用封万户侯，但愿一识韩荆州”，起笔称得上巧妙，但接下来夸韩朝宗“制作侔神明，德行动天地，笔参造化，学究天人”就很是肉麻了，而且也未必能博得对方的好感。当然，这或许就是干谒的风气，大家都这么说。

关键是，李白自称布衣，听起来很卑微，却偏要说成是陇西的，要知道唐代帝王也是来自陇西李氏，这关系攀附得也是没谁了，悠远绵邈的谱系，谁能厘清。他说自己“十五好剑术，遍干诸侯。三十成文章，历抵卿相”，言辞实在夸张；而且在颂扬韩朝宗的同时，还无比自信地要求对方用最高级的宴会来接待自己，听任自己高谈阔论。这些大话和浮词，缺少依据，只会让对方觉得他的言语不金贵，自然也就重视不起来。

李白的“失言”，其实就是高估自己，对自我产生认知偏差。他除了自夸“十五好剑术”之外，还在诗里把自己渲染得很厉害，“托身白刃里，杀人红尘中”。然而，有一回被混混堵在半路，他腰间还挂着延陵剑，也没派上用场。虽说他“绣口一吐就是半个盛唐”，但诗里的剑气却无法震慑流氓。眼看着要受皮肉之苦，幸亏有一个叫陆调的人突围而去，请来救兵，李白这才脱身。

没有“拔剑当空气云错”的真本事，偶尔做一场抬举自己的“侠客梦”，琴心配剑胆，不丢脸。可是除了“侠客梦”，李白还喜欢做“卿相梦”，渴望有一天像宰相那样，治国经邦，“直挂云帆济沧海”。这样的高估，最终让他不仅丢脸，更险些丢命。

原本一个人到了暮年在阅尽沧桑之后，就该敛退锋芒。但李白不是这样，57岁了，还想着建功立业，追随永王李璘，“不惜微躯捐”，以谢安自比，高唱着“为君谈笑静胡沙”。万万没有想到就此陷入玄宗与肃宗的权斗当中。安史之乱爆发后，太子李亨在灵武朔方军的拥立之下，擅自继位，遥尊玄宗为太上皇。僻居巴蜀的玄宗不甘退出权力的舞台，支持永王号令江淮，制衡肃宗，培植武装力量。谁知，永王就像烂泥扶不上墙，很快被灭。从追随永王算起，前后不过一个月，胡沙依然猎猎。李白未立寸功，反落个从璘附逆的罪名。若非郭子仪等人求情，那他被判的结果就不是长流夜郎，而是丢了性命。

还好，过了一年多，李白遇赦获释，他竟没有半点颓唐，也没有归隐避乱。王维到了晚年“自顾无长策，空知返旧林”，已经懂得放下，学会接受偶然。而李白却不灰心，继续求人引荐，希望能“拜一京官”，甚至年逾花甲，仍主动请缨，入李光弼将军的幕府效力，可惜在半路生了病，未能如愿。他还不忘慷慨一番，发出“天夺壮士心”的感叹。

李白至死都没有认识到自己的局限，觉得自己就像一只展翅高飞的大鹏，曾经振动八方，但飞到半空，翅膀摧折，再也无力翱翔。他天真地以为自己“兴酣落笔摇五岳，诗成笑傲凌沧州”的才气，可以用来匡正天下、澄清宇内。虽然两者并不匹配，但从某种意义上来说，这种高估，恰恰是盛唐精神的体现，充盈着健旺的生命力。正是凭借这股力量，他无论是遇到冷落还是受到挫折，都壮志不萎；正是凭借这股力量，他成就了自己辉映诗国的千秋之美。

杜甫在岳阳楼上哭什么

岳阳楼在唐代远不像今天这样知名，毕竟当时的读书人不会在教材里读到几百年后范仲淹《岳阳楼记》中的名句“先天下之忧而忧，后天下之乐而乐”，而且其规模也小很多，称不上游览胜地。不过杜甫这次登楼，写下雄视千古的诗篇，也算是对岳阳楼的一次宣传。

杜甫从夔州乘舟出峡，辗转漂泊到这里的时候，正值暮冬。“昔闻”两个字看似寻常，实际上是一种怀念，怀念旧日的时光，害怕一切都遗忘和淹没在迷茫的思绪之中。那个年月，没有照片，只能通过文字去触摸和打捞岁月。无论是在岐王宅里，还是在崔九堂前，听歌看舞，推杯换盏，都可以聊一聊“洞庭水”，谈一谈岳阳楼，那里的江湖一定风高浪急，那里的岛屿或许啸聚豪贼。在“万顷琉璃浪泊天”的壮阔中，“洞庭水”这三个字充满对烟波浩渺的想象，以及对野性的呼唤。在“开元全盛日”，闲话谈资，就像“风过耳际”，付诸一笑，此外好比作家废名的感叹“理发匠的胰子沫，同宇宙不相干”。可是“今上岳阳

楼”，滋味就大不同。置身现场，正是“缠绵盗贼际”，杜甫“狼狈江汉行”。一“昔”一“今”，虽说多少有一偿夙愿的欢喜，却也深蕴对大唐由盛变衰的感受。

杜甫跟范仲淹一样都看不到“衔远山，吞长江，浩浩汤汤，横无际涯，朝晖夕阴，气象万千”的“巴陵胜状”，他们的发现凭借的都是一双慧眼，通过心灵的高飞远举，超越了现实的束缚。诗也好，文也罢，这景在想象中都绘得壮阔，而杜甫用的“坼”与“浮”，尤其让人玩味。天下分崩离析，乾坤浮动，谁来“为天地立心，为生民立命”？

在“风雨如晦，鸡鸣不已”的时局里，四海狼烟、山河动荡，哪里还可以寻见“君子”，哪里还可以体会“云胡不喜”的雀跃？

不到40岁的韩愈，“而视茫茫，而发苍苍，而齿牙动摇”，56岁的杜甫除此之外，还有肺病、风湿，右臂偏枯不说，左耳也聋了。虽有家人陪伴，但他强调“亲朋无一字”，似乎更在意知己的慰藉。对现世苦难、生命悲剧的体认，只能埋藏在心底，渐渐也就成了块垒。

在烟水茫茫的湖面上，孤舟就像飘零的落叶，找不到归宿甚至找不到归途。在广阔的自然背景的映衬下，个体越发显得渺小与无助。尼采曾借笔下人物查拉图斯特拉之口说：“‘何处是——我的家？’我叩问，我寻觅。寻觅不得。啊，永恒的苍茫！啊，永恒的空漠！啊，永恒——虚无！”

杜甫虽然无家可归，但他并不觉得虚无。他看到瓦砾胡尘下掩盖的尸骨，看到农人倒毙在曾经丰腴的土地上，看到饿死的幼子半睁着不愿闭合的无辜的眼。他听到乱石间流水的呜咽，听到盔甲单薄的新兵与父母话别时的涕泣，听到石壕村被官兵怒骂的老妇人的悲声。他把自己的泪水融进乱世中，于无限悲凉之地，哭国弱人命贱，哭兵凶无霸才，哭“百年歌自苦，未见有知音”。

“知音”要等几百年，才出现。文天祥在元大都的土牢里，读杜诗，说：“我要说的话，杜公早替我说了！”他把杜甫的句子，从原诗中抽取出来，重新组合，缀成200多首诗。“风檐展书读，古道照颜色”，正是杜甫的诗句，让他在今生此地增添了散尽光和热的勇气。他用热血豪情在天地间写下“成仁取义”四个大字，须眉正气凛冽千秋。

“四海无闲田”，为什么农夫反而还会饿死

晚唐诗人李绅写过一首《悯农》：“春种一粒粟，秋收万颗子。四海无闲田，农夫犹饿死。”这首诗从字面上理解，很简单，“春天播下一粒谷种，到了秋天就收获万颗籽实。天下没有一块闲置的田地，但仍有种田的农夫饿死”。

“一”和“万”，构成一组对比，从中我们可以感受到农民的辛苦与勤劳，同时也强调了土地的肥美。在那个生产力低下的年月，“春种一粒粟，秋收万颗子”，不过只是一种美好的设想，隐含着作者对农民的赞赏。他们弯曲着脊背，用粗糙的双手，“晨兴理荒秽，戴月荷锄归”，让四海之内的荒地都变成良田，结果仍旧不免饿死。如此勤勤恳恳吃苦耐劳，如此风调雨顺大地丰饶，却还是无法摆脱贫困的厄运，这到底是为什么？

乱世凶年“老羸转于沟壑，壮者散而之四方”，这就不说了，而在鲁迅先生所言的“暂时做稳了奴隶的时代”，农夫的生存状况也没什么质的飞跃，就像作家胡风描绘的那样，“蚊子似的生活着，糊里糊涂地生殖，乱七八糟地死亡，用自己的血汗自

己的生命肥沃了大地，种出食粮，养出畜类，勤勤苦苦地蠕动在自然的暴君和两只脚的暴君的威力下面”。

我们这个民族诞生在一片天荒地老的旷野里，当两河绿洲和古埃及的农夫只需把种子撒进大河冲击的沃土里就能坐享其成时，我们的农夫只能胼手胝足地在贫瘠的黄土地上耕种糊口的食粮。面对大自然，这个喜怒无常的暴君，除了叹息之外，农夫又能怎样，即便在今天，地震、海啸、洪涝、干旱这些天灾也常常令人束手无策。

当然，在《悯农》这首诗里，作者把天灾造成的危害给遮蔽掉了，设定了一个五谷丰登、土地富庶的理想境况，使农夫“饿死”这一悲剧性结局更令人沉痛，将批判的矛头指向了“两只脚的暴君”。

苛捐杂税就是吃人的老虎。柳宗元在《捕蛇者说》里讲到老百姓宁可冒死捕捉毒蛇来抵税，也不愿受盘剥与压榨。在中国的历史上，西汉田租算是最轻的，“三十税一”，比如你打了300斤粮食，只交10斤给国库。别看田租轻，除此之外，百姓还得交人头税，即算赋和口赋，这个负担就重了。算赋是无论男女，凡15岁至26岁都要缴纳。从汉高祖四年（前203年）开始，每人每年一算，交120钱，文帝时减为40钱。女子15岁至30岁不嫁的，算赋按等加收，分为五等，这是为鼓励早婚，促进人口增长。口赋是征收7岁至14岁的少年男女的人头税。每个儿童每年20钱，这是皇帝的私人收入。王室用度和国库是分开的。

从政治经济学原理上讲，一个社会生产过程，是由生产、分配、交换和消费四个环节构成。在传统的农耕社会，农夫“日出而作，日落而息”，孙中山说他们是“一盘散沙”，马克思说他们是“一袋马铃薯”。他们只负责生产环节，没有话语权，是“沉默的大多数”，而分配环节却牢牢控制在“不稼不穑”的权贵阶层手中。在物质匮乏的时代，彼此的利益都无法兼顾，后者握有“刀俎”，要追求个人享乐的最大化，刺激消费，鱼肉前者肯定会是必然的选择。乔治·桑说：“填不满的是欲海，攻不破的是愁城。”

李绅代农夫立言，满腔悲悯，但这无助于改变农夫的境遇。作为体制中的一员，所谓悲悯不过是惺惺作态而已，丝毫不影响李绅对豪奢生活的追逐。他爱吃鸡舌，每餐光耗费活鸡就达三百只。担任淮南节度使时，滥用威权，肆意欺民，以致百姓不堪纷纷渡江而逃。

在古代，落后、破败、萧条和资源短缺的故土，仍旧无法承载百姓的未来与梦想。他们一生勤苦，却依然难以摆脱贫穷的宿命。

“杨柳色”为什么能把少妇的悔恨诱发出来

唐诗中表现闺怨的很多，有些怨得哀婉，如“金屋无人见泪痕”；有些怨得直露，如“不是思君是恨君”；有些怨得压抑，如“鹦鹉前头不敢言”；有些怨得迫切，如“披衣更向门前望”。而王昌龄的这首《闺怨》写得却别有一番情味。

“闺中少妇不知愁，春日凝妆上翠楼。忽见陌头杨柳色，悔教夫婿觅封侯。”题目叫《闺怨》，开篇却从“不知愁”写起，就很容易引发读者的思考。

少妇为什么“不知愁”呢？她养在深闺，在“庭院深深深几许”的环境里，很可能抑制住了自己的愁思。虽说她正值锦瑟华年，但毕竟不像男孩子那样有着一种“酒旗风暖少年狂”的冲劲，再加上经历的事情也少，生活如同古井，就算是投进一块石头也掀不起多大波澜。从后文“悔教夫婿觅封侯”来看，她或许还沉浸在等夫婿建功立业，大家一起“策马奔腾共享人世繁华”的浪漫想象之中。

尤其是这个“教”字，充分说明最初她可是在积极促成这件

事。当然，让夫婿立下封侯的志向，必定能获得世俗的认同，这背后其实也藏着她的一份虚荣。孤独与愁苦，在大局面前，在俗流面前，暂时沉埋进心底。

然而，春天来了。这是一个万物复萌、天地间洋溢着生机的时节。少妇开始“凝妆”。这个过程很值得玩味。我们不妨想象一下，她坐在镜前，先是用厚厚的一层白色粉末覆盖整个面部，掩饰瑕疵，让脸庞变得像瓷器般光洁；然后再涂抹胭脂，唐朝的女子抹胭脂，完全不推敲雕琢，而是采用泼墨的方式，涂得满颊、满眼，甚至满耳，有时候卸妆还能卸下一盆红泥，真的是玉手轻挥，染就半个盛唐。至于接下来要不要描眉黛、贴花钿、勾斜红、点绛唇，那完全取决于女子追求什么样的妆容效果，“凝妆”的过程越精致繁复，自然越是美艳。

夫婿不在家，少妇如此用心打扮，不是为了讨好谁，而是为了活出自己的风

采，洋溢自己的热情。如果换作李清照恐怕就成了“起来慵自梳头。任宝奁尘满，日上帘钩”。“凝妆”这一行为，已足够表明少妇是个自我表现力很强的人，只不过平日被束缚住了。

欧阳修劝告说：“楼高莫近危栏倚。”少妇没有机会听到，她也未必知晓要是楼高20米，视野就可以延伸10多公里。总之，当陌头的杨柳色忽然闯进眼帘时，那一刻就好像有把钥匙打开了她的心锁。悔恨的情绪如洪涛，汩汩地奔涌，瞬间消解了封侯所带来的荣耀，更何况封侯还只是停留在“寻寻觅觅”的阶段。

“杨柳色”为什么能把少妇的悔恨给诱发出来？这不仅仅是因为“柳”与“留”谐音，看到杨柳容易回忆起跟夫婿折柳赠别的场景，触发了思念之情；更是由于杨柳会以显眼的绿色让她想到青春，想到时光的流转，想到红颜空自许，等了一年又一年。《牡丹亭》里的杜丽娘，进入“姹紫嫣红开遍”的花园，也一下就开始感叹“良辰美景奈何天”。大观园中的湘云更是大声疾呼：“且住，且住，莫使春光别去！”

面对这“一去如流电”的春光，少妇却只能独守翠楼。原本她“不知愁”，并不是真的心底无忧，而是外界的刺激不够。单纯的登楼，就好比一束光打在手上，手不会有什么反应；但如果这束光还伴随着小幅度的电击，手必定立刻缩回。而“杨柳色”就是那小幅度的电击，击中了少妇内心最柔软的地方，寂寞的情绪一下子就被释放出来，连鲁迅先生这样久经考验的人都说寂寞“如大毒蛇，缠住了我的灵魂了”。

有谁不怕大毒蛇缠住自己的灵魂呢？在如此孤立无援的时刻，当然是希望夫婿能够陪伴在身边。可夫婿偏偏不在，这不在又恰恰是自己鼓励造成的，换了是你，到底要不要悔、要不要恨呢？

牡丹花开动京城仅仅是因为国色天香吗

每一朵花都有不同的风姿，都洋溢着成长的欢愉，隐含着生存的努力。然而，在这百媚千红当中，唐人却偏爱牡丹，爱它的华贵与雍容，爱它的红艳与热情。诗人唤它作“百花王”，夸它是“天下无双艳”，甚至想把它放在枕边，在夜深的时候，说相思，诉缱绻。

刘禹锡曾经写过一首《赏牡丹》：“庭前芍药妖无格，池上芙蕖净少情。唯有牡丹真国色，花开时节动京城。”芍药花开也是百步香，芙蕖照水更是亭亭玉立。而刘禹锡却觉得它们一个妖冶没格调，一个冰冷少情韵。这里显然是用了一种烘云托月的手法，来突出牡丹才是真正的天香国色，以至于“花开时节”震动京城。

每到暮春，在长安的“三条九陌”之上，“万马千车”就像发了狂一样，奔向花市、寺庙、道观。凡是开满牡丹的地方，到处都是游人，挤不进重围的，甚至还要登高爬墙。

牡丹那硕大的花朵，就像一团烈火，有着一种跟大唐盛世相匹配的精神和气质。车尔尼雪夫斯基说：“凡是我们发现具有生的意味的一切，特别是我们看见具有生的现象的一切，总使我们欢欣鼓舞，导我们于欣然充满无私快感的心境，这就是所谓美的享受。”人们像照镜子那样从牡丹身上看到“生的意味”“生的现象”，感受到时代的蒸蒸日上，从而获得美感。

这种美感其实就是一种精神上的享受跟审美上的满足。元和年间的名相裴度，久病不愈，暮春游园，看到牡丹还未绽放，倚栏惆怅，想到自己“不见此花而死”，悲从中来。幸好第二天一丛牡丹先开，裴度拖着病体去赏花，看到这娇红嫩紫，总算是聊慰老怀。三天后，他安然辞世。

无论是刘禹锡还是裴度，对自己赏牡丹的感受，并没有什么细致的描述，但它会不会跟歌德站在拔地而起、直上云霄的哥特

式教堂前的感受差不多呢？后者说他的灵魂“装满了一个伟大而完整的印象，而且由于这个印象是由千百个和谐的细节组成的，我能够享受和欣赏，但无法理解和解释”。

是的，强烈的心灵震颤的确难以解释，但如果我们只把牡丹花开动京城的原因，解释为它国色天香，恐怕会把更深层的原因给忽略掉。为了能寻找真相，我们应该要不时地提醒自己：这个就是唯一的原因和答案吗？

单单靠一个时代的审美趣味，就能造成“动京城”这样的盛况吗？

牡丹花期不过20多天，唐人的“爱花心”，使得供不应求。商品的定价从来都不是由成本决定，而是取决于供求。为了能得到牡丹，“一国如狂不惜金”。经济学上有个名词叫“韦伯伦商品”，一般商品价格越高，需求越少；而这种商品价格越高，需求越大！人们买韦伯伦商品是为了炫耀，获得一种社会的认同。爱马仕的铂金包，成本不过800美元，而最贵的要卖到30万美元。跟铂金包一样，牡丹也变成了不折不扣的奢侈品，一株卖到几万元钱根本不算什么，像姚黄、魏紫这样名贵的，非得用黄金玉饰和宝马雕车来交换才行，有的甚至价高到“一丛深色花，十户中人赋”的地步。

从实用价值而言，“一丛深色花”再枝繁叶茂，也不可能养活十户人家。再说了，我们只听过屈原“饮露餐英”，从没听过谁爱吃牡丹。牡丹的性能在它的整个价值里所占的比例已经可以忽略不计。作为身份的标志、阶层的标配乃至特权的象征，牡丹的溢价之高，早就超出了人们承受的范围。

以前人们花钱买花，随着牡丹热潮的汹涌，最后花本身就变成了钱。17世纪的荷兰也出现了郁金香热，三株郁金香可以换一栋房子，后来那栋房子被改建成教堂，其面积之大，可想而知。

从最初的玩赏变成痴狂，再到投机，推高价格，牡丹依然姹紫嫣红，依然是“万万花中第一流”，但相信人们在赏花时的那种从容悠闲已经被战战兢兢所替代。为防贼，郁金香曾系满铃铛，牡丹也是这样。那花枝所承载的已经不是诗情和美感，而是炫耀与特权。

在花开时节，当牡丹再次降临人间的时候，有的人从它的国色天香里，获得精神的享受；有的人从它的高不可攀中获得身份的认同；有的人从它的价格波动上，获得不菲的收益。总之，京城的各个阶层都卷入其中，在盛世的狂热里，暂时忘却了危机。

白居易为什么抛不下杭州

晚年的白居易长住洛阳，醉舞狂歌，“安慰老心情”，还写了不少怀旧的香艳诗，回忆自己当初在长安的冶游生活，不是“寓居同永乐”，就是“幽会共平康”，“永乐”“平康”，光听名字就知道一定是追欢逐乐的地方，但他写的《忆江南》，一唱三叹，却没有一丝一毫的艳俗。春来的江水是多么“绿如蓝”，日出的江花是多么“红胜火”，清丽的山水、旖旎的风华，充盈着一种最纯粹的审美情致，不允许有任何的粗鄙。虽说他也写过“吴娃双舞醉芙蓉”这样声色娇媚的句子，但用词却很是节制。

白居易说自己“江南忆，最忆是杭州”，那么他最难忘杭州的什么呢？在《春题湖上》一诗中，他写道：“湖上春来似画图，乱峰围绕水平铺。松排山面千重翠，月点波心一颗珠。碧毯线头抽早稻，青罗裙带展新蒲。未能抛得杭州去，一半勾留是此湖。”

春日的西湖，就像一幅醉人的风景画。相比前几年，在浔阳，又是谪居卧病，又是“黄芦苦竹绕宅生”，江州司马的“青衫”湿了又湿，如今换成了杭州刺史的“绯袍”，这既让他漂泊多年的生命得以安顿，又让他幼时就想来这里当刺史的夙愿得以实现，真的是“念念不忘，必有回响”!

在这里，白居易可以尽情享受西湖的美，可以用自己的灵性去拥抱和体验山光水色的诗情。这是人生的大放达，也是与自然和谐共处、坦诚对话的大自在。他离开了等级森严的官署，放下了劳形苦神的案牍，就像高尔基那样，为了摆脱困惑，寻找到灵感，走出彼得堡，去体验新的生活，感受新的阳光。

环绕着西湖，无论是西南的龙井山、灵石山、南屏山，还是北面的灵隐山、北高峰、栖霞岭，它们的高度都不超过400米，不像北方的山那样险峻，容易激发入世的热情。这里峰奇石秀、林泉幽美，更容易涵养性情，消除胸中的块垒。“水平铺”，三个字就给人一种舒适、亲切的感觉。“松排山面千重翠，月点波心一颗珠”，这两句写景既有纵目时的开阔，也有聚焦时的细致；色彩由浓郁到淡雅，场景从静谧到跃动。山色、湖光、月影这原生态的自然之美暂时掩盖了他心灵深处的痛苦与忧患，升华了他的人生境界，使他以一种更为高远旷达的眼光来审视生命。

在白居易多情的顾盼之中，明月不仅点动了波心，更点醒了诗心。诗心是如此柔软和细腻，在感受湖光山色之际，并没有回避现实，隔断对民生的关怀。早稻犹如碧毯上抽出的线头，新蒲仿佛青罗裙上的飘带，将百姓赖以生存和生活的早稻与新蒲笼入笔端，这是一任刺史的担当。当冬日漫天飘舞雪花时，他在官邸围炉拥裘，想到的却是百姓连粗布袄裤都穿不上的困窘，于是他怀着深深的愧疚希望能设计一件大裘，“宽广和暖乃阳春”，“与君展覆杭州人”。这种担当已经内化为自觉。

在杭州，白居易最大的功绩就是治理西湖，修筑湖堤，使它不仅保持了美丽的容颜，而且还成为灌溉农田千余顷的水源，帮助百姓“救凶年”。他把自己关心民瘼的深情融进这一湖清水之中，刻在这一道芳堤之上。任满离开之日，大伙扶老携幼、纷纷饯送，有的甚至遮拦归路，号哭相阻。这滂沱四溢的泪水和牵衣顿足的送别，远比升迁的调令和朝廷的赏赐更值得珍惜。

果农围着结满累累硕果的园子转，忍不住会露出微笑，因为这是他实践的作品。跟果农一样，白居易抛不下杭州，“一半勾留是此湖”，这西湖与他的关系最密切，包含了他的筹划、心血、希望和快乐。在这里，没有官场的钩心斗角，没有同僚的尔虞我诈，没有远方的苟且，只有眼前的诗与田野。

白居易以他“大济苍生”的抱负治理了西湖，以他“与物有情”的缠绵塑造了西湖，以他深婉或高迈的文化品格蔚成了西湖的风姿与韵味。彼此成全依存，成为一种灵性的双向对接。

与其说是对接，倒不如说是缱绻。之后几十年，白居易心心念念忆江南，想着杭州，想着勾留西湖的分分秒秒，想着“郎骑青骢马，妾乘油壁车”的青石路；想着“绿酒初尝人易醉”，小窗浓睡的蚕丝枕；想着张翰厌倦宦游秋风里忽然想念的鲈鱼脍；想着姜白石回首烟波、片帆轻橹的十四桥……

夜凉如水，她为什么还“卧看牵牛织女星”

杜牧写过一首七言绝句叫《秋夕》：“银烛秋光冷画屏，轻罗小扇扑流萤。天阶夜色凉如水，卧看牵牛织女星。”这首诗以“秋夕”为题，选择七月初七的夜晚，这样一个特殊的时间点，更容易使人触动情思。诗人撷取了两个生活图景，从“扑流萤”到望星河，让我们可以感知到宫女在幽闭中内心的那种渴求。

银烛泛着摇曳的光，非但没能带来了暖意，反给屏风上的画饰添了几分幽冷。这样的环境，会让人觉得憋闷压抑，甚至喘不上气。于是，宫女跑到庭院里，开始用轻罗小扇，扑打流萤。“轻罗”是一种质地轻盈、质量上乘的丝织品，可见宫女的生活还很精致。她扑打流萤的动作也一定很轻俏，时而追逐，时而挥舞，时而跺脚，想来她的年龄应该不会很大。我们很难想象一个年长的宫女，一边冒着汗，笨拙地扑着流萤，一边不断地哀叹自己像入秋后的团扇那样被遗弃的宿命。在经历了漫长的等待之后，她也就变成了一个寡淡且有分寸的人，即便是百无聊赖，恐怕也少了这份活力，宁愿闲坐在那，数一数遗落在时光深处的八卦。

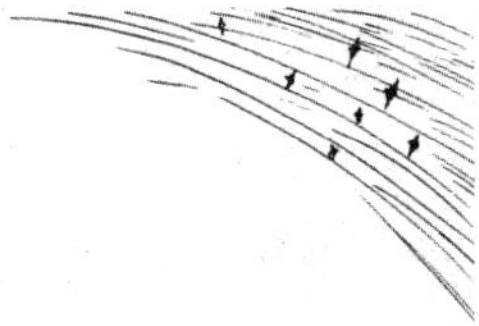

只是不知道，宫女在扑流萤的时候，会不会感叹萤火虫总喜欢躲在草丛中，它们或许就是草的魂魄，回来寻找自己的躯体吧！

当然，她也可能跟《笑傲江湖》中的岳灵珊一样，扑流萤单只嫌它飞来飞去，打在脸上身上。不过，遗憾的是她没有一个叫令狐冲的大师兄，想着把装有萤火虫的纱袋，挂在她的房里，让满床晶光闪烁，就仿佛在云端，让她一睁眼，前后左右都是星星，而不是什么“冷画屏”。

在七夕这样的夜晚，萤火虫飞来飞去，努力地发着光，而这一点光，不足以给宫女带来温暖和希望。一个人只单纯扑流萤，并没有什么浪漫的念想，时间一长也就慢慢失去热情。

秋夜沉沉，又是在深宫，人一旦从动态中停下来，归于静寂，就越发能感受到

寒气，感受到“夜色凉如水”。可宫女还是不愿意回到室内，也许在她看来，室内的“冷”，比这庭院中的“凉”更难忍受。20世纪70年代，社会心理学家发现巴黎的上班族一回到家就打开电视、打开收音机，他们也不看也不听，只是需要有个声音、影像在旁边。虽然古代没有这些声音与影像，但至少在这天阶之上还有能令人远眺的星河。

这次，她不必凭栏放眼，也不用登临纵目，可以懒散地“卧看牵牛织女星”。王维笔下的少年游侠，“夜上戍楼看太白”，在古人眼中太白为主征战的杀伐之星，“看太白”意味着他们渴望征战沙场，建功立业。而“牵牛织女星”，除了强调是七夕这个节日之外，自然会让人想到牛郎织女的传说。

当宫女仰望夜空的时候，牵牛织女星有可能被当作关于时间和追怀的意象，落入她的眼中，令她想起那些无忧的岁月，听长辈谈论茫茫碧落里的传说，从此就埋下了对“天上人间情一诺”的念想。虽说情感与归属的需求难以满足，但最起码她可以在内心最幽微的地方时时点上一盏灯。

或许，那一刻宫女什么都没想，仰望只是自我面对孤独的一种姿态。蒋勋说：“孤独是生命圆满的开始。”说不定宫女会像加缪在《局外人》中描述的那样，主人公默尔索犯了杀人罪，坐着囚车，在黎明出发时，看见天上的星辰，他说自己从未感觉到生命是如此饱满。

在这首诗中，杜牧把自己的情感藏了起来，仿佛是站在一旁静观。其实，我们大多数人都把自己关在一个跑不掉的地方，在野蛮的日子里，拼命地往前奔，连仰望星空的念想都没有，早已感受不到生命本身的重量。面对宫女这样一个活泼而且充满渴求的生命，我们又有什么资格来表达自己的哀矜与不平呢？

《水龙吟》里辛弃疾为什么没“把栏杆拍断”

辛弃疾以23岁壮盛之年，裹挟着齐鲁大地的英风豪气，“渡江天马南来”，本指望“抒君父不共戴天之愤”，结果七八年过去了，也只是任建康府（今南京）通判这一闲职。在一个闲暇的秋日，他登上了建康西面城楼的赏心亭，写下这首《水龙吟》。

词的上片写登楼远望之景。开头两句并没有描写具体的秋色，只让人感觉到诗人视线的游移，从辽阔的江天到浩淼的江水，无边的秋意，爽朗、清净，融进人们的想象之中。

接下来诗人遥望远山，眼中所见尽是美人头上的碧玉簪、青螺髻，用两个比喻绘出山形的挺秀与盘旋。“献”与“供”把无情的山拟人化，山川似乎也在倾诉着胡尘里苟延残喘的遗民的血泪史，似乎也在为偏安一隅不图收复中原的南宋王朝感到怅恨。

本来很美的事物，却偏偏惹起愁与恨。诗人由写景开始转向抒情。情感随着环境氛围的变化渐趋强烈。立在楼头落日的一抹残红里，诗人更觉得有些苍凉、悲壮，更容易联想起生命的脆弱、人生的短暂。太阳从东方天际喷薄升起到暝色渐起的落日余晖，就好像人们也亲身经历了生命从壮烈走向寂灭的过程。余晖黯淡，大地很快就要被淹没在苍茫的暮色中，王朝的盛衰更迭、古今的荣枯变迁，撞击着诗人多情而敏感的心。断鸿的哀鸣，进一步触发了诗人的身世之感，他远离故土，不正像一只失群的孤雁吗？“江南游子”是作者对自己身份尴尬的认定。他一念耿耿地南来投奔母国，换来的却是不为众人所容，更不必说什么归宿感了。同时也说明诗人对千里江山的拳拳眷恋，对恢复旧山河的热望。

“情动于衷而形于外”，上片的最后四句，诗人选取了两个典型动作进行描写，进一步渲染他心系国事却投效无门的悲愤。“把吴钩看了”，不是漫不经心地看一眼，而是有一个摩挲的过程。这个过程把诗人“报国欲死无战场”的愤然表现得淋漓尽致。而“栏杆拍遍”，则把诗人沉痛的心情外化为一个连续的动作。如果是情绪太激烈，以诗人的身手，完全有可能“把栏杆拍断”。一个“遍”字，让我们眼前浮现出一个站在落日楼头拍栏踱步的诗人形象。在踱步中，我们分明听到了诗人心底的惊涛，而惊涛过后，是“无人会，登临意”的深深落寞。

词的下片把“登临意”表现得更具体。首先是用典。“张翰，字季鹰……因见秋风起，乃思吴中菰菜、莼羹、鲈鱼脍，曰：‘人生贵得适志，何能羁宦数千里以要名爵乎！’遂命驾而归。”（《晋书》）这是个极细微的历史场景。秋凉风晚，诗人似乎嗅到了鲈鱼脍的香味，“鲈鱼脍”在这里指代家乡风味，而家乡菜对胃部的诱惑以及对人产生思归之情起着催化作用，但诗人却不能像张季鹰这样洒脱地辞官隐居。家乡已沦陷，除非是以胜利者的身份回去，否则绝无可能。诗句在无奈与失落的背后，还融入了诗人无限的愤慨，以及杀敌的决心。

下面三句，可看作诗人的自我表白。这个典故，出自《三国志·陈登传》。许汜拜访陈登，陈独睡大床，让许汜睡下床。许汜觉得窝火，向刘备诉苦，刘备说：“天下大乱，有理想的人都心忧国事。你只为自己打算，求田问舍。如果我是主人，就睡百尺楼，让你睡在地下！”诗人用这个典故，是说自己虽回不了家乡，但也不愿在江南买几亩田盖几间房，他觉得羞耻。

渡江已经七八年，诗人有家难回，有志难伸。“可惜流年”，照应上片中的“落日楼头”。“忧愁风雨”体现了诗人对国运的深切关怀。“树犹如此”出自《世说新语·言语》。桓温北征，过金城，见先前所种柳已长到十围，慨然叹息：“木犹如此，人何以堪?”从这三句中，我们已经可以领会诗人的“登临意”。眼看国势日非，暖风熏得南渡君臣轻社稷，而像诗人这样的有志之士，只能任凭岁月白白流逝，在温山软水中磨尽英雄豪气。

结句更道尽了诗人失意的情怀。辛弃疾是磊落轩昂的一世雄杰，以功业自诩，却投闲置散，以致泪下沾襟，想唤歌儿舞女来慰忧伤也实现不了。在这里“红巾翠袖”不是指哪一个具体的女子，而是代表一个温情脉脉的世界。在现实中，诗人抑郁悲愤，自然希望找寻另一个世界来疗治心灵的创伤，但却不可得，更强化了他的失意落寞，同时也与上片“无人会，登临意”相呼应。

《永遇乐》中“四十三年”的含义是什么

《永遇乐·京口北固亭怀古》是辛弃疾最负盛名的一首怀古词，一连串典故的暗示和启发，使诗歌包含了丰富、多层次的内涵，将满腹情感满腔慨叹阐发得更精细，更耐人寻味。

词的上片紧扣“怀古”二字。开篇起笔很寻常，“千古江山”不是着眼于空间，而是从历史写起，借江山永固来反衬人事无常。当时南宋权臣韩侂胄欲借北伐立威，起用诗人担任镇江知府。站在北固亭，登临远眺，极目千里，浩浩江流响在耳际，翻滚在胸中，诗人慨然有恢复旧山河之意。镇江即古之京口，三国孙权曾建都于此，而南朝宋武帝刘裕更出生在此。二人都是豪杰人物，自然会引发诗人的无限怀想。

孙仲谋“坐断东南”，跟南宋形势一样，但他却有着“战未休”这样一种不畏强敌的豪霸之气，而这恰恰是南宋君臣所欠缺的。“英雄无觅”，流露出诗人上下求索之后的深深的遗憾。接着诗人从“孙仲谋处”这个大空间，落笔到“舞榭歌台”，这也许不是他望中所见，而是一种想象。“舞榭歌台”作为昔日繁华的见证，与英雄的业绩一样，最终荡然无存。“雨打风吹”，这气候的变化中，蕴含了诗人对山河变色、朝堂易主的感慨。一个“总”字，流露出诗人的一种超然于纷扰之外的忧伤，感伤古人，担忧现实。

夕阳下，一抹残照，更触动了诗人的心绪。西晋结束了三足鼎立的局面，刘裕又取代了东晋。而昔日刘裕龙兴之地，如今也草树杂然，成了“寻常巷陌”，需人指点才能找到。上片到此，字里行间总萦绕着一股黯然伤怀的气息，直到最后三句才提振起人的精神意志。表面看来这是对刘裕当年横戈跃马、气吞山河的激赏，然而在激赏中，也投射出诗人对往昔岁月的缅怀和对再战沙场的向往，意蕴深长。

下片换头“元嘉草草”三句，由刘裕联想到他的儿子刘义隆。元嘉年间，刘义隆听信谗言，妄图“封狼居胥”，草率北伐，结果覆师丧旅，自己“仓皇北顾”不说，还招惹北魏大军饮马长江，最终导致国势日衰。诗人借这一历史事件来讽喻韩侂胄，北伐应充分准备，不能操之过急。当时金国与宋接壤的地方遭遇一连串的旱灾，韩侂胄乘人之危，不顾天下承平日久、兵不堪战的现状，草率出师，想靠侥幸来获胜。一年后，韩侂胄不但重蹈了“元嘉

草草”的覆辙，最终还身死人手。

诗人的这番预见，凝聚着老臣谋国的耿耿精忠。接下来三句，讲述金主完颜亮南侵的旧事。“四十三年”强调时间之久，诗人也正是在金人南侵之后，渡江投宋，那真是段激情燃烧的岁月，这团胸中火燃烧了“四十三年”，老却英雄似等闲。“犹记”，说明印象深刻，更强调当年烽火所带来的苦难是多么深重，同时也告诫韩侂胄，一旦北伐失败，对苦难的记忆将会化作真切的体验。

想起殷鉴不远，想起“四十三年”岁月的流逝，想起苦难多磨的父老，种种心情都交织在“可堪回首”一句当中。通过这句的过渡，诗人的思路由回忆转向现实。站在北固亭上，他似乎听到了乌鸦聒噪、社鼓咚咚，以及佛狸祠下迎神赛会上人们的欢唱。作为入侵者，异族皇帝所建祠庙本是耻辱的象征，如今却成了人们歌舞作乐的场所，战前的紧张一点也看不到，更可怕的是人们已经没有了讨敌收复的意志。南宋君臣文恬武嬉，百姓锣鼓喧天，而那些中原的遗民，“四十三年”过去了，还会有几个人再把汉家的旌旗张望。从这里也可以看出，北伐缺乏民意基础。实际情况也是这样，北伐从筹划到最后失败，中原的百姓没有人起来响应。这不仅仅是主战派个人的遗憾，更是时代的悲哀。

最后，辛弃疾以廉颇自况，旨在言明自己虽然老了，但雄心犹在，仍渴望为国效力。一句“凭谁问”，寄寓了诗人不被重用，难尽其才的悲慨。

周树人为什么给自己起名“鲁迅”

上学时，在教材中，读到鲁迅的文章，我看不懂，也不去揣摩，韶华岁月就这样等闲过了。光知道鲁迅就是周树人，却不知道周家原来如此了得。单在20世纪就出了两个伟人，除周树人外，还有一个就是周恩来。

再往前推，可到北宋学者周敦颐，其文《爱莲说》，也入选教材，成为必背篇目。周敦颐被封为汝南伯，因而绍兴周家的灯笼上就打有“汝南周”的名号。

至于周树人为什么给自己起名“鲁迅”，这还得从1918年他写的《狂人日记》说起。那是现代文学史上第一篇白话小说，让37岁的周树人声名大震。小说的署名就是“鲁迅”。

当时，周树人在教育部任职，担心写小说惹麻烦，索性就起了个笔名。他年轻时，在日本写文章有个笔名叫“迅行”，再加上母亲姓鲁，折中一下，从母亲的姓和早年的笔名中各取一字，于是合成“鲁迅”。

此外，这两个字还大有深意。据他自己解释，“周鲁是同姓之国”。稍有历史常识的人都知道西周初年周公旦之子伯禽受封于鲁，跟周天子同姓姬，后来鲁被楚灭掉，其子孙后代沦为平民，只好以“鲁”为氏；而周被秦灭掉，同样也以国名“周”为氏。到了战国之后，人们都以氏为姓。所以，周鲁最初是同姓。这笔名虽只有母亲的姓，其实也暗含着父亲的姓。

说到“迅”字，《说文》里解释为“疾走也”，就是“迅速”的意思，古人有“会见青云奋迅时”的句子，多少带点鸡汤味。也有人根据《尔雅·释兽》“牝狼，其子，绝有力，迅”，把“迅”解释成“狼子”。五四时期，狂飙突进，周树人作为启蒙者，否定旧时代，从母亲的姓，以狼子为名，不正是孟子所说的“无父无君，是禽兽也”吗？他给自己起名“鲁迅”，不正是对礼教最大的挑战吗？瞿秋白就曾把他比作狼子，说他是喝了狼奶长大的，这也算是知心之言。

最初，周树人给自己起笔名，不是要吸引眼球，而是想“逃名”，隐去真实身份，淡泊宁静一点，既是明志，也为致远。最初，甚至连他的挚友许寿裳都不知道鲁迅其实就是周树人。读了《狂人日记》后，他大加赞赏，觉得这么好的小说只有周树人才能写出，从哪冒出个鲁迅来，赶紧写信求证，得到肯定答复，这才获悉真相。

周树人给自己起了157个笔名，几乎每个都有寓意，起名是为了“逃名”。“逃名”却没有逃得成。渐渐地，周树人隐去了，“鲁迅”反倒成了本名。那个响当当的周家，并没有因为鲁迅而

门楣光大。1938年，蔡元培给《鲁迅全集》作序，说到“为新文化开山的，有周豫才先生”时，还不忘再强调一下“周豫才”，就是“鲁迅先生”。“豫才”是周树人的字，平辈之间往往称字，蔡元培虽比周树人年长，但出于尊敬也称他“豫才先生”。

为新文化开山，周树人凭借的就是署名鲁迅的《狂人日记》，它发表在1918年5月的《新青年》第四卷第五号上。那一年的秋天，有个叫毛泽东的青年从长沙来到北平，在北大图书馆当书记，负责整理图书和清扫房间。在此期间，通过阅读《新青年》，毛泽东一定听说过鲁迅。因为离鲁迅生活的圈子较远，也只知道他的公开身份，也只能看重他的文学成就，也只能顺应潮流称其为鲁迅。到了1938年，在纪念鲁迅逝世两周年的大会上，毛泽东把鲁迅看作新中国的圣人，到了1940年，他又评价鲁迅是“中国文化革命的主将”，是“空前的民族英雄”。他以自身非凡的影响力，最终引导并巩固了大众称周树人为“鲁迅”这一潮流。

当然，我们要想完整而深入地认识鲁迅，就不能只知道“鲁迅”，至少还要知道那个在北平宣武门外绍兴县馆里抄古碑的周树人。眼看着生命就这样暗暗消去。夏夜寂寥，蚊子多，有时他便摇着蒲扇坐在槐树下，从密叶缝里看那一点一点的青天，晚出的槐蚕又每每冰冷地落在头颈上。37岁的周树人，那个包含着丰富历史内容的“鲁迅”马上就要诞生了！

日常生活的英雄

明朝时，有个读书人叫胡九韶，家境贫寒，“课儿力耕，仅给衣食”。每到下午，他就设案焚香，感谢上天赐一日清福。妻子笑言：“一日三餐，吃菜粥，这叫什么清福？”他说：“吾幸生太平之世无兵祸，又幸一家饱暖无饥寒，又幸榻无病人，狱无囚人，非清福而何？”胡九韶的“清福”是从胸中汩汩生发出来的一种耳之所闻、目之所睹的欣欣然。

“欣欣然”不必如孟子所说“有喜色”，这是一种精神状态。颜回可以居陋巷，一箪食、一瓢饮，不改其乐；苏联作家帕乌斯托夫斯基可以靠两片面包过一天，乐呵呵地诵读普希金的诗篇。法国作家莫洛亚在一篇演讲中说构成幸福的核心是把自己心中自有的美传达给外界的一种精神状态，人所祈求不变的也是这种精神状态，而不是具体的物象。

具体的物象，常常会不尽如人意。宋代大儒朱熹曾到女婿家做客。女婿家里没有食材，估计腹中也缺少诗才，不像杜甫可以写“盘飧市远无兼味，樽酒家贫只旧醅”这样的句子来暖心。女儿只能

准备葱汤、麦饭来招待老父，十分寒酸，为此她深感愧疚。身为父亲的朱熹自然不会放在心上，反倒写诗来安慰女儿，“葱汤麦饭两相宜，葱补丹田麦疗饥。莫谓此中滋味薄，前村还有未炊时”。朱熹的开解正如尼采所言“让每件东西的价值都被你重新决定”。

无论是胡九韶还是朱熹，他们在生活中懂得自娱也知道退让，用自己的眼光来决定事物的价值。当然我们有时候，也可以更为主动和积极一点。《儒林外史》中，有两个以卖粪为生的走卒，忙了一整天，到山上歇脚，其中一个拍另一个的肩头道：“兄弟，今日的货已经卖完了，我和你到永宁泉吃一壶水，回来再到雨花台看看落照。”作者吴敬梓借笔下人物杜慎卿之口感叹“菜佣酒保都有六朝烟水气”。

饮一壶泉水，看一襟晚照，在日常生活中，当一个英雄，对明天抱有希望，对世界持有温情。阿城在《棋王》结尾讲的也无非是这个道理：“衣食是本，自有人类，就是每日在忙这个。可囿在其中，终于还不太像人。”

林冲为什么没有顺手杀陆谦

林冲一枪先搠倒离自己最近的差拨，又去追杀跑了十来步远的富安。两个人连“饶命”都不及喊就倒下了，足见林冲满腔的仇恨已经到了爆发的临界点，但他为什么没有顺手杀了只跑了三四步远的陆谦呢？

小说这样处理是有意让他俩的恩怨做一个了断。二人有同乡之谊、兄弟之情，又同在殿帅府任职，林冲把陆谦当作推心置腹的朋友，在他面前连妻子受辱这样的家丑都不避讳。陆谦却借卖友来攀殿帅这根高枝。鲁迅曾慨叹“中国多暗箭”，这实在是血的经验，陆谦不仅射“暗箭”，而且连“明枪”也用上了。所以林冲在手刃他之前，必然有情感宣泄的诉求。

“我自来又和你无甚么冤仇，你如何这等害我”“我与你自幼相交，今日倒来害我”，这些话是对背弃情义者的痛惜与痛恨，郁积久了，不吐不快。倾吐的时候，需要清场，因为它不需要局外人来旁听，而且如果倾吐之后再去追杀富安，一来怕对方跑远，二来情节处理上也显得拖沓，不够紧凑。

面对林冲的质问，陆谦的回答很值得我们玩味，他求告说："不干小人事，太尉差遣，不敢不来。"一句奉命行事，把自己的责任推脱得一干二净，一点愧疚都没有。汉娜·阿伦特说，在执行灭绝人性的指令时，执行者并无罪恶感，他们认为自己仅仅是忠于职守。第二次世界大战期间任纳粹警察犹太处处长，犹太移民局局长的艾希曼把上百万犹太人送往通向死亡的列车。在法庭上自我辩护时，他认为自己只是个守法的人，他的一切行为都只是在履行职务，而他在希特勒屠杀犹太人的"最终解决方案"中所扮演的角色只是偶然的，因为任何人都可以取而代之，因此几乎每一个德国人都有罪。

没有陆虞候，也会有张虞候、李虞候，如果换成林冲处在陆谦那样的一个境遇之下，他又会如何抉择？当然，不管怎样，试图通过角色身份来为自己的罪行进行辩护，都是毫无意义的。于是，在"且吃我一刀"的宣判中，林冲把仇人淋漓的鲜血祭洒在塑有金甲山神的古庙前。血红雪白场景，透着几分悲壮，几分苍凉。一个朝廷的良臣，在了却恩仇的同时，最终蜕变成大泽草莽之间的龙蛇。

伽利略的妥协

17世纪的欧洲处于宗教专制的顶峰，对于非传统的学术观点，或者说对神学构成威胁的论述，统统被视为“异端”。在当时，凡违禁者，不是被囚于阁楼抑郁而死，就是被施以火刑。1632年，意大利天文学家、物理学家伽利略出版了《关于托勒密和哥白尼两大宇宙体系的对话》。该书根据观察所得，结合力学原理，抨击了托勒密的“地心说”，论证了哥白尼“日心说”的正确性。结果他被罗马宗教裁判所传讯。次年5月底，被羁押。

6月22日，面对宗教法庭的审判，伽利略面临两种选择：要么如莎翁所说“忠实于自己，追随于自己，昼夜不舍”，做广场上人人可见的牺牲；要么放弃自己的学说，再次成为“上帝的忠顺奴仆”。

当年，布鲁诺穿着囚衣，被特制的铁钳夹住舌头，在鲜花广场被烧死在火刑架上。那时已经36岁的伽利略，对此一定印象深刻。他也许还记得布鲁诺面对宣判时高喊的那句激昂的话：“你们向我宣布判决比我听宣判更感到恐惧。”然而，并非所有追求真理的人都能像布鲁诺那样，以最深沉的苦难和最坦荡的牺牲，来完成自己的人格。

最终，伽利略只是看了看刑具，就选择了妥协，在大庭广众之下，穿着代表悔罪的白色长袍，手执蜡烛，表示“公开放弃诅咒和痛恨地心说的错误和异端”。一位年近古稀的老人，实在没有什么“革命何须怕断头”的慷慨，承认自己害怕皮肉之苦，也是人之常情。铡刀落在别人的脖子上，永远是最轻的。如果我们对人的脆弱性缺乏充分的体认，就会失去同情心。

布莱希特的《伽利略传》中有这么一个片段：

宗教法庭计划在6月22日下午5点钟，敲响圣·马库斯教堂的大钟，届时宣读伽利略的悔罪书和对他的判决。快到敲钟的时候，伽利略的学生安德雷亚捂着耳朵，却没有听到钟声。安德雷亚和伽利略的助手费德尔佐尼相互拥抱。

安德雷亚：他顶住了。这就是说，愚蠢被战胜了！这就是说，人不怕死！

费德尔佐尼：知识的时代现在真正来到了。

安德雷亚：只因一个人挺身而出说“不”，就赢得这么多的胜利！（安德雷亚刚说完此话，圣·马库斯教堂的大钟便轰然鸣响，伽利略屈服了。）

安德雷亚：（大声地）没有英雄的国家真不幸！（冲着走来的伽利略怒喝）酒囊饭袋！保住一条狗命了吧！

伽利略：不。需要英雄的国家真不幸。

诗人陆游总是遗憾自己“报国欲死无战场”，感叹“老却英雄似等闲”。其实，这未尝不是一种幸运。如果他生活在一个战乱频仍、民不聊生的时代，“捐躯赴国难”，既改变不了历史的格局，又如何能留下近万首的诗篇。对后人来说，这是多么大的一笔精神财富。一旦我们抓住了最重要的东西，就能守住生活的重心，将生命大楼的根基立在磐石上，就算其他部分价值缺失，也比两手空空的好。

诗人北岛说：“在没有英雄的年代里，我只想做一个人。”没有成为英雄的伽利略作为宗教法庭的囚犯，被软禁在佛罗伦萨城郊的一所农舍里，直到去世。整整8年时间，凭借微光，他完成了关于力学与落体定律的《对话录》，费时6个月抄下其副本，最终由学生安德雷亚偷偷带出意大利境内。他相信真理是时间的孩子，今天种下一棵苹果树，有朝一日会有苹果落在另一个人头上。

今天，我们还应该向雷锋学什么

提起雷锋，最让人难忘的是他那年轻的面容和纯真的笑脸，以及他那为人民服务的意识和助人为乐的品质。“雷锋”这两个字，经过几十年岁月的积淀，已然成为时代精神的象征。而那个以此命名的身高不足一米六的小个子湖南人，也早就化作高峰。一代又一代的后来者，攀上去，却再无法逾越。

今天，我们重提雷锋，怀念雷锋，重估英雄的意义，寻找他成长的路径，希望能够站在时代的浪头，全身心地参与到生活当中，长成自己喜欢的样子。

人按照对自己觉察的程度，可以分为三类：环境决定、性格决定、使命决定。我们一生所追求的就是从第一种人逐渐成长为第三种人。雷锋生于长沙的一个普通农民家庭，又赶上1940年抗战最残酷激烈的时候。5岁时，父亲病逝；7岁时，母亲自尽。在这样的环境设定里，他所能依凭的也许只有那根正苗红的出身和苦难的家史。

因为是孤儿，所以雷锋得到了特别的关照，被乡长领着去上小学。他从不哀叹命运，总是把自己性格中开朗活泼的一面呈现出来，无论做什么事，都积极主动，怀着满腔的热情。上学期间，学校组织跳舞、学普通话、演讲比赛、打球、上台献花、政治学习，但凡有活动，就少不了他的身影。相信雷锋在把精神力量完全投入到活动中时，一定会产生高度的兴奋感、满足感和充实感。心理学家米哈里把这种感觉称为心流。心流涌动，会让人物我两忘，全身心入境。后来，雷锋在鞍钢的建筑工地上，看到水泥搅拌不均，丝毫不顾天寒地冻，光脚跳了下去，用身体搅拌，同时也感染了其他人跟着跳进冰冷的水泥浆里。

1956年7月，雷锋小学毕业。成绩并不突出的他没有像全班大多数同学那样选择升学，而是主动要求到社会主义新农村那片广阔的天地大显身手。他先是在生产队当了三个月的秋征助理员，之后被调到乡政府当了通讯员，负责送信、传话、接待客人。没过多久，又被人推荐当上了县委机关的公务员。虽然做的都是些杂活，但在阳光灿烂的新中国，雷锋热情如火，对人总是笑脸相迎，笑起来还有两个小酒窝。有时，县委领导开会到深夜，他就在隔壁房间看书，陪到深夜。散了会，他总是把会议室收拾干净，把门窗关好，才去休息。

跑腿送信、打扫卫生，通过完成这些琐碎的工作，他也逐渐懂得了“螺丝钉”的道理。用后来他日记里的话说，那就是“一个人的作用，对于革命事业来说，就如一架机器上的一个螺丝钉”，“螺丝钉虽小，其作用是不可估计的”。在雷锋去世之后，哲学家海德格尔在《时间与存在》这个讲座的前言中多次提到雷锋和他的“螺丝钉精神”。

在县城，雷锋接触到了当时发行不多的《毛泽东选集》，全县也就只有那么一两套。另外，他还读到了一些政治理论方面的书籍、英雄故事和文学名著，诸如《怎样做一个共青团员》《唯物主义和经验批判主义》《董存瑞》《黄继光》《钢铁是怎样炼成的》《青年近卫军》等。通过实践和阅读，他也不断地把总结和思考写进日记，用来探索自我：追问自己，能“为未来带来什么”；反思自己，“在生活的仓库里”，“不应该只是一个无穷尽的支付者”。

1958年为了响应全民炼钢的号召，雷锋主动报名去鞍钢，还把名字“雷正兴”，改成“雷锋”，用“钅”来体现跟钢铁结缘，用“锋”字来表达当先锋的心愿。改名这一举动，在顺应国家建设的同时，也可以看出他那种以国为家、积极进取的气概。

鞍钢，是国家的钢铁基地，是工业最发达的地方；钢铁工人，更是新中国年轻人最向往、最崇拜、最时髦的职业。而这一年，雷锋才刚满18岁，正是让此生辽阔高远的花样年华。他在奔赴远方的行囊里，放着一本当时最流行的小说《钢铁是怎样炼成的》。

雷锋一定读过奥斯特洛夫斯基的那句名言：“生命每个人只有一次。人生应当这样度过：当回首往事，不会因虚度年华而悔恨，也不会因碌碌无为而羞愧；在临终的时候能够说：我的整个生命和全部精力，都已献给世界上最壮丽的事业——为人类的解放而斗争。”个体终将消亡，而希望自己能有更久远、更有意义的东西流传和影响世界，成为很多人渴望寻求和担当的使命。雷锋所赋予自己的使命，虽然还谈不上“为全人类的解放而斗争”，但至少他凭借努力真正改善了身边人的生活。选择担当这样的使命，需要不断打磨和优化自己的性格，发挥自己的优势，调整自己的劣势，在自己看重的事情上，死磕到底。

在洗煤厂当推土机手，因个头矮小，不被师傅看好。他每天早来晚走，虚心求教，才一个多月就能单独驾车作业。赶上寒冬，最难的莫过于检修、清洗发动机。他自学会之后，就不让师傅动手，每次都争抢着钻到车盘底下，仰身打开检示器，仔细清洗发动机，干完再爬出来，一身作业服都被汗水浸透。在车间，他还不断帮助同事，捐钱捐粮票，背着发烧的工友去医院，给过不惯东北生活的女工进行心理疏导。

其实，当农民和工人，并不是雷锋的理想，他的志向是当军人，然而参军却是有门槛的。身材矮小，这一局限就难以跨越。但雷锋并没有气馁，在武装部政委面前，他先是痛陈苦难的家史，把自己身体不合格的账算在旧社会头上，接着又强调参军是遵照毛主席的教导，到人民最需要的地方。最后，他带着全部家当（一只棕色的小皮箱）跑到兵役局，开始抹桌子、扫院、打水，到处宣讲自己参军的愿望。他的决心最终打动了政委，对方为此跑到市委书记那里汇报了这个难题。几番周折之后，雷锋终于穿上了军装。

在部队，雷锋教唱歌、办墙报、说快板样样在行。他利用午休的时间去理发馆拜师学艺，周末和节假日再到驻地附近给军烈属和五保户理发；还偷偷为睡熟的战友缝补衣服。

马云说：人生的价值在于体验。雷锋用行动印证了这句话。在短暂的22年里，他从农村到工厂再到军营，不断完成身份的转换，从第一种人逐渐成长为第三种人，实现人生的跨越，用自己热爱的方式，活出生命的价值，用敞开的心灵和开拓的意识去通读人生。

奋进，礼赞高贵的头颅

奋进是一个热情奔放的词，是一种仰望星空的姿势，是与自己本性进行战斗时所激发的一股力量。有了这样一股力量，在不可测的人生命途中，奋进者即便遭冷眼遇横逆，都无碍他们一路狂奔，奔向心灵的彼岸。他们不会把信仰和理想当作交易的筹码，在物化的世界里，不会在意世俗的成功，只在自我精神的家园里默默耕耘，坚守一方或学术或艺术或文学的阵地，昂起高贵的头颅，彰显生命的尊严与伟岸。

在奋进精神的感召之下，在奋进力量的鼓舞之下，“高贵”，就绝不再是凌空蹈虚的一个形容词。那些昂起高贵头颅的奋进者们，自然是将根扎在了现实人生里。

奋进者的高贵，在于他们活出生命的价值与意义。有意义的人生，才能实现生命的充盈与提升。而这种意义绝非把安逸和享乐当作生活目的本身，它是指人要能自主自由地生活，超越现有的生存环境而指向一个更高的生活目标，如爱因斯坦所说：“照亮我的道路，并且不断地给我新的勇气去愉快地正视生活的理想，是善、美和真。”人生的活动一旦有了人文精神的浸润，它就流溢出辉煌与华彩，使生命之花热情地绽放。卡尔·马克思在《青年在选择职业时的考虑》一文的最后，满怀豪情地写道：“如果我们选择了最能为人类幸福而劳动的职业，那么，重担就不能把我们所压倒，因为这是为人类而献身。那时，我们所感到的就不是可怜的、有限的、自私的乐趣，我们的幸福将属于千百万人。我们的事业是默默的，但她将永恒地存在，并发挥作用。面对我们的骨灰，高尚的人们将洒下热泪。”正是这一高远的追求，激发他不断奋进，以“雄文大手”在人类的历史上书写下不朽的篇章。与马克思相比，15岁的少年赫尔岑和他的朋友奥加略夫同样让我们后人感奋不已。后者郊游来到莫斯科的麻雀山。太阳正在徐徐西沉，圆屋顶闪闪发光，美丽的莫斯科铺展在山下一望无际的地面上，清新的微风迎面吹来，诗意盎然。这对少年想到了全人类的命运和幸福，想到了俄罗斯的现状与未来。他们意识到了自己的灵魂的纯洁与高尚，意识到自己是命中注定应该担当大任的优秀人物。站在夕阳微风之中，他们互相依靠，突然间热烈地拥抱起来，并对着伟大的莫斯科发誓，一定要为自己的使命奋斗到底，直至献出生命。

奋进者的高贵，在于他们可以不断超越卑微的自己，拓展更高的生命境界。在一个缺乏信仰的时代，如果我们对自己的生存依据茫然无知，就可能随风逐浪，很难安顿自己的灵魂，失去奋斗进取的动力。普鲁斯特的《追忆逝水年华》，篇幅浩瀚，其中却没有冗词赘句，他对每个字负责的态度，只有钟表大师用锉刀打磨一个个小齿轮，才可比拟。正是这样一种对文学的信仰和对完美事物的不懈追求，让普鲁斯特超越了平常的自己，让我们几乎忘记了他是一个自幼就患哮喘病，毕生为病魔所困的人。

奋进者的高贵，在于他们傲骨嶙峋，不跟世俗同流合污，将人格的尊严、精神的独立判定为至高无上的选择目标。在人生的十字街头，扯断对生命的执着，去追求灵魂的永恒价值，绝不在滴血的屠刀下伛偻身躯，交出惹是生非的灵魂。东晋名士戴安道善鼓琴，朋友受皇子武陵王司马晞的委托，来邀请他去王府弹唱。结果戴安道当着朋友的面，拿出琴来，摔得粉碎，说：戴安道不为王门伶人！这摔琴之声真是铿锵在耳，刹那间，让我们感受到高贵的力量。正是因为有了这股力量，胡适主办《独立评论》，关怀公共事务，将批判的锋芒指向国民党；正是因为有了这股力量，鲁迅先生才“大胆地说话，勇敢地进行，忘掉了一切利害，推开了古人，将自己的真心话发表出来”，使一个“无声的中国”变为“有声的中国”；正是因为有了这股力量，美国黑人罗莎·帕克斯太太在公共汽车上公然藐视种族隔离的法律、坐着而不想站起来给白人让座，她在为黑人争取权利的同时，也为自己赢得尊荣；正是因为有了这股力量，德国雕塑家巴尔拉赫1927年接受建造大战阵亡战士纪念碑的任务时，不顾政府要求表现崇高的指令，在巨大而庄重的碑石里，把战争留下的创伤、悲痛和愤怒深深地镌刻进去，坚持艺术家的良知。

奋进者的高贵，在于他们有着坚定的信念，有着“虽千万人，吾往矣”的刚烈与血气。庄子讲“吾生于天地之间，犹小石小木之在大山也”，这种无力把握命运的感觉，人与人之间是相通的。人有时候就像一叶扁舟，在茫茫苦海中挣扎，难以靠岸。生命在发展过程中，遇到外在或内在的压力而受阻。拜伦说：“逆境是通往真理的第一条道路。”正是挫折和磨难，激发起人的斗志，个体生命才能以此为阶梯，通向更为广阔的生存空间和精神空间。哥伦布远航遇到险滩恶浪，水手们因畏惧而退缩时，只有他还在勇往直前；当水手们恼羞成怒警告说若不返航就要叛变杀他时，哥伦布的回答是：“前进！前进！前进！向前进！”贝多芬冲破生理与社会为他设置的种种障碍，秉持成为伟大艺术家的

信念，在体验苦难的同时，完成了像《欢乐颂》这样的传世之作。中国的谭嗣同则在菜市口疾呼“死得其所，快哉快哉”，章太炎更是“以大勋章作扇坠，临总统府之门，大诟袁世凯包藏祸心”。他们为国家争国格，为同胞争人格，从三纲五常的古代奋起直追现代文明，行开天辟地的壮举，“拔剑欲高歌，有几根侠骨，禁得揉搓”。而法国的卢梭比他们早一百多年，就开始拆下肋骨当火把，试图烧穿思想的黑森林。在穷愁潦倒中，他以宽广的胸襟鼓荡着时代的浪潮，面对封建专制狰狞凶恶的面目，他以激情充沛的著作，探讨人类不平等的起源，呼唤一个自由、平等、博爱的时代到来，当之无愧地成为那个时代的良心。

正是因为有了这些高贵的头颅，我们才能在迷茫中看到希望，在混沌中看到一脉清流，在沉郁中看到生命的清新疏朗。我们人类奋进的历史才会更显厚重，更显轩昂。

青春少年是样样红，你是主人翁

1998年正月十三的上午，我在康杰中学门口左手边的书店里闲逛。那是一个狭小的书店，门的两侧，摆放着各种习题、教辅资料。我的目光仿佛“叫天子”，轻捷地掠过它们，因为汗国真说“熟悉的地方没有风景”。在题海里泡久了，不能到远方去，但至少可以捧着书寻幽探胜。最后，我的目光落在一套散文上，作者分别是林清玄、王鼎钧、张晓风、琦君、方杞。书的封面朴素淡雅，中间配图是一幅水墨画，直接贯穿封底。而封底上方则是名家评语，竖排，文字不多，清丽脱俗。

随手翻开《琦君散文》第一篇《灯景旧情怀》，作者写道：“春节已近尾声，而几天来清晨与傍晚，左右前后噼噼啪啪的鞭炮声，仍然此起彼落。”因为应景，我一读就喜欢得很，以致后来每到正月，我都会想起这段话。虽说书不过五本，却为我打开了一扇窥探语言奥妙的大门。在我的记忆中，那是一个多么宏伟的场面！几十万字，穿越海峡的迷雾，历经岁月的风尘，终于被安放在我的书桌上，被安顿于我的心田里。

说起来，能与这些文字结缘，还得感谢几个月前的一次选择。那是1997年7月底的一个下午，我骑着自行车，去运城中学，报名复读。这条路，走了三年，再熟悉不过，只是如今换了身份，由应届生变成往届生。鲍勃·迪伦曾经说："一个人要走过多少路，才能被称之为人。"彼时的我就已经知道，复读之路，必定艰辛。想起昔日的同学，很多即将整理行装，奔向远方，自己心头难免有几分沮丧。

不过，这沮丧很快就被迎面的风吹散，那可是夏日运城的风，只有热气没有凉。满头大汗，来不及擦，我就直奔报名的地方，先交了5元报名费。然后，瞪大眼睛，看了看学费的收取标准，跟高考分数成反比。对照标准，我应该交250元。250元，真不贵！因为我看到标准的最后一行，还有交5000元的。

于是，我兴冲冲地回家取钱。骑车到半路，经过康杰中学，一时好奇，想看看我这个分数，在康杰中学复读，得交多少钱。康杰中学，是三晋名校。以前，"虽不能至，心向往之"。如今，就算不能在此复读，骑车进去溜一圈，散散心也好！暑期的校园，绿树浓荫，静悄悄。寻到报名处，惊喜地发现，472分所对应的学费才200元，不免庆幸自己之前没有在运城中学交学费，否则就为省50元，我也犯不着再费周折。

最终，我选择了离家更近，性价比更高的康杰中学。很快，便交了费，被告知拿上收据找班主任报道。收据空白处写着他的大名荆自磊。我一路寻去，绕过操场，终于在教工家属区，看到一群人，正打扑克。上前询问，话音未落，只见一中年男子，个头不高，起身应答，手里拿着扑克牌，脸上还贴满了纸条。岂料，师生初遇竟是这样一番尴尬景象！从他那里，我获知自己是到他所带的应届班插班复习。一想见，未来的日子，四顾满目都是应届生，虽不至于如鲁迅所言“真觉柔肠欲断，涕不可抑”，但心绪黯然却是难免。怪不得，学费便宜50元。

后悔也是徒劳，怎么办？忽然想到，我那要好的同学阿荣，考了476分，也名落孙山，不如喊他来复习，据说“道有良伴可以缩短行程”。就这样，我骑车飞快地到了他家。他正光着膀子，捆高三的旧资料，打算卖掉，索性上运城高专。我气喘吁吁地对着汗水涔涔的阿荣说：走！跟我到康杰中学复习去！身高超过一米八的阿荣，立刻骑上他那辆连腿都伸展不开的自行车，揣着200元钱，随我出发了！我总觉得，自己起码应该像《阿Q正传》里的革命党那样，穿着白盔白甲，拿着钩镰枪，高喊：“复读，有趣！阿荣！同去同去！”然后，他再跟我一同去，没想到，阿荣竟如此爽快。

在1997年7月底的那个下午，两个少年，相互吹捧了一路，仿佛脚下已经铺就了一条通往名校的坦途。然而，去了康杰中学，却傻了眼，受班容量之限，招生暂停。看到阿荣一脸失望的神情，我总不能拍着他的肩膀说：“兄弟，赶紧回家继续捆资料，等着上高专吧！高专在咱们运城也很有名。”

既然已经喊他来复习，就得负责到底。我左思右想，还真想到一个人。她是我表哥的亲戚，在康杰中学当英语老师，平素没有见过面。但为促成这件事，我俩打听到她的住处，觍着脸说明来意。对方不好拒绝，便应承下来。其间过程如何，不得而知，但她事后说没曾想这么难办，早知道就不答应我了。

虽然事有波折，但我俩总算顺利入学。插班第一天，两个瘦高个，提着凳子，刚进教室，就吸引了众人的目光。我竟一下子感受到落榜所带来的羞惭。可阿荣却没有，照旧大摇大摆。我俩相跟着，来到最后一排。归有光的项脊轩，“室仅方丈，可容一人居”，而这最后一排，虽能摆下桌子，放下凳子，却局促到了“仅容瘦人立”的地步。

我一点都不嫌弃这最后一排，一杯水、一册书、一卷题，倒有几分远离尘俗的清净。可老站着算怎么回事，好歹也是交了学费的。正当我眉头紧锁不知所措犯嘀咕的时候，荆老师来了，脸上没贴纸条的他，表情甚是严肃。先是让期末旷考的同学站起来。“呼啦”一下，站起20多人。这让我眼界大开，想想自己高中三年，旷过操，旷过课，旷过自习，却偏偏没有旷过考试，不免有些遗憾。正当我走神之际，他们已被赶出教室。紧接着，荆老师说了句话，让我的眉眼立刻舒展，“后面的同学往前坐”。我和阿荣相视一笑，自觉地坐在了倒数第二排。

这20多人，有一个礼拜没来。而一个礼拜之后，康杰中学经过再三考虑，成立了文科复习班。我和阿荣再次提着凳子离开。在复习班里，我们又遇见了不少昔日的同学，其中就有喜红。他待人极为诚恳，浑身上下都散发着忘我的热情，不久便被任命为班长。他与我的缘分最深，从小学三年级算起，同学十几年。一向只说土话的我，曾在他的鼓励下，参加了运城中学的文艺会演，当着全校师生的面，说相声，我逗他捧。这是青涩年岁中，属于我俩的一段繁华事。

没想到，我俩尘缘未了，在这里还能重逢。更没想到，复习班的班主任竟然就是我表哥的亲戚雷爱萍老师。她对我和阿荣自然印象深刻，并且把开班前打扫教室的任务安排给我俩。记得那天，同来打扫的还有两个原本就读康杰中学的女生。我们相谈甚欢，大有“同是天涯沦落人，相逢何必曾相识”之感，其中一个叫杨晓丹。

随后差不多100天，我的每一篇英语日记，她都全批全改，有时难以判断，她还为此翻查字典。对于一个高考英语只得了75分的学渣来说，第一篇日记简直就是“满纸荒唐言”。这也正是我不敢让雷老师批阅的原因，怕她被我吓出“一把辛酸泪”。100天后，我的英语成绩终于上了120分，从此再也没有低过这个分数，感觉已经达到人生巅峰。后来，杨晓丹考上南开大学外语系，算是与我成就了一段“教学相长”的佳话。

佛学里有“加持”一词，来自梵文，意思是有外力把能量附加在软弱者的身上，使之获得勇气和毅力，使其改变原来的样子。在写日记的那100天里，我虽有过懈怠，可从未放弃，我所得到的“加持”，至今仍不可思议。

除此之外，不可思议的还有我们的语文老师牛淼祥。他生于1932年，教我们的时候已经65岁，因复习班没有合适的语文老师，退休在家的他只好重返讲台，重执教鞭。最初，看到他苍颜白发，驼着背，我还有几分“廉颇老矣，尚能饭否”的担心。不过，很快我就从他身上品咂出“老姜”的辣味。

第一堂课，他告诉我们因命里缺水所以取名“淼”，结果水多为患，1957年被打成“右派”，在大水滔滔中，泡了20多年。在乡下，一介书生干不了农活，被安排喂马赶车，趁着便利，背诵古诗，钻研古籍。平反后，因恢复高考，教师出现短缺，他再次被录用，成为其中一员。后来我们又了解到，他16岁从汾南中学毕业到运城师范当国文教员，又辗转去了吕梁教育学院教书，为伺候母亲，这才回到原籍，选择在康杰中学退休离职。

当时，他还在黑板上写了两句话：“胸藏万汇凭吞吐，笔有千钧任翕张。”这14个字，不只是简单的勉励，更深藏着古往今来求学者的一份寂寞。有了这样一种鞭策，一年后，我在大学的图书馆开始认认真真地摘抄读书笔记，坚持到毕业，足有几十万字。抄到手臂酸麻时，偶尔会仰起头，想象自己跟百年前的鲁迅一样，“从密叶缝里看那一点一点的青天，晚出的槐蚕又每每冰冷的落在头颈上”。

第一堂课快下时，牛老师批评了一个扰乱课堂秩序的学生。他的雷霆之怒，竟然让我感受到一位老派知识分子的风骨。已经成为语文课代表的阿荣，凭他多年读武侠的经验，随口给牛老师起了个雅号“铁背苍龙”，算是形神兼备吧！

随着时间的推移，我越发觉得牛老师可敬与可爱。他独自住在学校分给的一处平房小院里，冬天取暖要生炉子。老伴每周来，给他洗洗衣服。有时，下了晚自习，我们上厕所，从他后窗经过，会听见屋内有推刨木头的声音。这声音虽非抑扬顿挫，但其中自有一份难得的逸趣。屋内的书架都是牛老师一手做的。他还对中医颇有研究，曾拿出证书给我们看。

因为阿荣和喜红离家远，与牛老师熟络之后，他俩中午便懒得回，赖在人家的平房里午休。我一想起这两个“贼人”一高一矮、一胖一瘦睡一张床的情景，就尽量忍住，不笑出声。牛老师两鬓都已斑白，也没求得闲来，估计中午还得听“入室弟子”起落的鼾声。反倒是我们想要“忙里偷闲”。

1998年1月3日，《水浒传》首播，在黄金时段，与第二个晚自习冲突。我、喜红还有阿荣，没有丝毫纠结，决定旷课，看名著。越是备考紧张的阶段，越需要闲情。思来想去，只能找牛老师求助，自然得偿所愿。有一回，中午在家看预告片，正是《林冲风雪山神庙》，打斗十分精彩，我当下就存了念想，无论怎样要看上这集。到了学校，我便向他俩渲染，这集如何如何好，听得他俩就像鲁迅笔下的柔石那样：“前额亮晶晶的，惊疑地圆睁了近视的眼睛，抗议道，‘会这样的么？——不至于此罢？……’”

越是有疑虑，就越想去证明。我们甚至提前给牛老师打了招呼，那晚一定不要外出。牛老师退休前，上的最后一堂课就是《林冲风雪山神庙》。那堂课，上得非常成功，课堂气氛异常热烈。课后，牛老师得意地问学生为什么这么欢乐，学生说他整堂课都把“林冲”念成“林彪”。

对于故事的真假，谁都不在意。大家只关心电视剧里的《林冲风雪山神庙》。那天，刚下第一节晚自习，三人结伴，来到牛老师家，谁承想，铁将军把门，气象森严。急得我们仿佛热锅上的蚂蚁，再无心自习，满校园里找牛老师。大晚上，我们绕着操场高喊“牛老师，你在哪里啊在哪里”，一直喊到口干舌燥，喊到电视上林冲早已杀了陆谦，方才悻悻然回到教室。

第二天，不等我们质问，牛老师就主动解释说，昨晚校领导给他们退休教师开会，商量拆平房的事。他当场举手，请求回家看电视，却被拒绝。看他满脸愤然，我们立即收了怨气，附和着，数落校领导不通情理。

牛老师是至情至性之人。有一次，我听两个“贼人”说牛老师咯血了，于是我们买了很多鸡蛋和奶粉去探望他。谁知，都被退回，他说怕老伴看到了担心。

他时常把自己写的文章复印出来分享给我们，讲解作文向来不居高临下，把指导放在我们动笔之前，把批改的过程变成师生思想交流的过程。

高考前填报志愿，他给班里的几个学生单独做思想工作，鼓动他们报考师范，结果大家都只嘴上答应。反倒是我，多少继承了他的一点衣钵。从教这十几年，常常会从他那里寻找依托。

日往月来之间，复习的日子，就快要收尾了。当时，康杰中学为方便管理，把高三各班都集中在一个四合院，左右两边各有一个圆形拱门。教导主任陈百年因为身材高大，常站在拱门正中，就能把迟到的学生挡在浓浓书香之外。四合院的氛围特别好，那一届恰好多出一个教室，我们经过投票之后，把文科班从操场一侧，迁到四合院里。

到了1998年的暮春时节，暮色笼罩着四合院，里面充满了生生不息的力量。有的站在树荫下，有的坐在台阶上，都那么投入、那么专注。琅琅的书声比朗朗的琴声更加定心安神。有时，我和阿荣会举着一根雪糕，笑着，晃着，踱进拱门。悠闲的脚步声，会换来局部的片刻宁静。大家定是把我们这两个货当作了入侵者，眼角带着不屑。他们又怎会知道我们买雪糕纯粹是为蹭电视看。操场旁住着一个退休教师，在家开小卖部。有一阵子，电视台播放《真命小和尚》，为了多看几眼，我和阿荣只好照顾一下他的生意。

那个时候，我们虽然是复习生，但总还觉得未来可期，要给自己的行囊里装进一个铿锵的梦。晚上，三个人断不了会到操场的台阶上散步，阿荣就开始哼唱黄安的歌：“青春少年是样样红，你是主人翁。要雨得雨，要风得风，鱼跃龙门就不同！”看他唱得起劲，我和喜红便忍不住喊上几嗓子。望着远处那座只有高一高二学生的教学楼，真是灯火通明，连厕所都很洋气。偶尔来了兴致，我们也跑去那边，开开眼，给自己发个福利。

当然，真正的福利，一定是来自命运所馈赠的礼物。我们都在无涯的学海里，怀着不灭的信念，挥臂蹬腿，想在明面上为自己的将来争出一个议价的空间。高考之后，喜红上了中国政法大学，阿荣上了西北大学，我上了山西大学：“我们都有光明的前途。”然而，在分数出来之前，牛老师竟因病去世，没能看到我们“从此鸢飞共鱼跃”。出殡那天，我们三人相约，坐上康杰中学派的车，到老师灵前献上花圈，奉上“入室弟子”的一瓣心香。过往的种种，在那一刻，重新浮现出来，闪着永不褪色的光泽。

光阴过眼如电速，“锦样年华水样流”。如今，距离我最后一次见喜红也已经过去了整整11年。当日情景，历历如昨。在北京肿瘤医院的病房里，见证过彼此青春岁月的两个人再度相逢。曾经意气风发、身壮如牛的喜红，被恶疾折磨得形销骨立，言不成词，连跟我追思往事的叹息都没有力气再发出来。老子云：“天地不仁，以万物为刍狗。”——天地无情，亦无偏私。我们都是在这样的背景下失去师友，也是在这样的背景下缅怀他们。

美国科学院院士杰尔姆·格罗普曼酷爱引用克尔凯郭尔的一句话：理解生活得回顾，过好生活要前瞻。“前瞻”也许就该学一学琦君，要活得天真而开阔，在《灯景旧情怀》的结尾，她说：“悠悠岁月，虽然逝去，也不必惆怅感怀。”行文至此，我的耳际，仿佛又响起阿荣哼唱的那首歌：“青春少年是样样红，你是主人翁。要雨得雨，要风得风，鱼跃龙门就不同！”

李国锋

图书在版编目（CIP）数据

语文有故事. 2 / 李国锋著. — 太原 ：山西教育出版社，2021.1

ISBN 978－7－5703－1208－5

Ⅰ. ①语… Ⅱ. ①李… Ⅲ. ①中学语文课－教学参考资料 Ⅳ. ①G634.303

中国版本图书馆 CIP 数据核字（2020）第 171238 号

语文有故事 2

策　　划：刘晓露
责任编辑：徐　琼
复　　审：刘晓露
终　　审：郭志强
插　　图：闫瑞兮
装帧设计：陈　晓
印装监制：蔡　洁

出版发行：山西出版传媒集团·山西教育出版社
（太原市水西门街馒头巷 7 号　电话：0351－4729801　邮编：030002）
印　　装：山西基因包装印刷科技股份有限公司

开　　本：889×1194　1/32
印　　张：7.75
字　　数：152 千字
版　　次：2021 年 1 月第 1 版　2021 年 1 月山西第 1 次印刷
印　　数：1—5 000 册
书　　号：ISBN　978－7－5703－1208－5
定　　价：32.00 元